JN000870

「生きづらさ」を抱えたあなたへ　目次

第3章 発達障がい

装丁、本文デザイン／金田一亜弥
本文DTP／株式会社スタンドオフ

第1章

メンタルヘルス

体験

うつと休職

——「弱さ」を受け入れたら、生きる「強さ」が見つかった

入社2年目の冬に抑うつ状態となり、うつによる約1年間の休職を経験した、志村俊輔《しむらしゅんすけ》さん（35）＝東京都江東区、男子部部長（副本部長兼任）＝に話を聞いた。

〝あの日〟の太陽は、僕にはまぶしすぎた

突然、仕事に行けなくなった。

今でも、志村さんは〝あの日〟のことを覚えていると話してくれた。

２００９年（平成21年）の冬、通信企業にシステムエンジニアとして就職して、１年９カ月が過ぎようとしていた。眠れない日が続き、その日も体調は悪かった。それでも出勤する準備に取りかかろうと、窓のカーテンを開けた。

「うわ、まぶしいな」

日の光が部屋中に差し込んだ瞬間、「なぜか、このまぶしい世界に立っていられる自信がなくなって、逃げ出したくなって……」。全身からエネルギーが抜けていくように感じた。

「働くことも、生きることも、あらゆる『欲』が急になくなったんです」。それから約1年間、会社に行けなくなった。

おばあちゃんの化粧水の匂いを覚えている

山梨県の富士吉田《ふじよしだ》で生まれ育った。

幼い頃から、活発で負けず嫌い。バスケットボールに夢中になり、中学では県の代表選手として全国大会で活躍し、高校でもインターハイに出場した。

「競争心が強いほうだったかも」。レギュラー争いも、激しい試合の数々も、汗と努力で乗り越えてきた。

大学進学を機に上京し、理工学部でIT（情報技術）を学んだ。そのスキルを生かそうと、08年に通信企業に就職。配属されたのは、ソフトウエアの開発に携《たずさ》わる部署だった。

花形の部署だけあって、同僚は優秀な人ばかり。入社1年目から即戦力として、「ここで勝ち残ってみせる」と、しがみつくように仕事に取り組んだ。

入社2年目の夏、祖母を亡《な》くした。

「ずっとおばあちゃんっ子で、大好きでした」

両親は、パンとケーキの店を営んでいて、幼稚園の送り迎えをしてくれたのも祖母だった。お小遣《こづか》いをもらって、よく近所の駄菓子屋に行った。

「小さい頃は、夜もおばあちゃんと一緒に寝ることが多くて」。祖母の化粧水の匂《にお》いは、今でも覚えている。

そんな祖母が亡くなった。「おばあちゃんはもういないって、頭では分かっていても、実感が湧《わ》かなくて。〝悲しい〟とか、そういうことも考えられなかった」

志村俊輔さん

父が倒れ、気付けば15キロもやせていた

その1カ月後、父が心筋梗塞《しんきんこうそく》で倒れた。呼吸が止まっていた時間が長かったため、一命を取り留めたが、意識は戻らなかった。

祖母の死、父の病気。「自分でも気付かないうちに、現実を受け止めないまま、無理やり前に進もうとしていた」

当時は大きな仕事が重なり、海外の企業との交渉を任され、出張も多かった。

〝この先、どうなってしまうんだろう〟。自分の時間ができると、漠然とした不安が心を覆《おお》った。だから「仕事に逃げるように、働きづめにして」。

今、振り返れば、なかなか寝付けなくなっ

ていたし、体調不良もあった気がする。しかし、当時は、そんな変化に気が付かなかった。

そして、〝あの日〟が突然、訪れた——。

窓の外から照りつける、まぶしい太陽。「何だか〝全部、もういいや〟って」。家を出る力も残っていなかった。

そのまま1週間、仕事を休んだ。「自分の作業もたまっていくし、何とか行かなくちゃ」と出勤した時、先輩が心配して、病院に行くようにと勧《すす》めてくれた。

「ちょっと体調は悪いけど、そんな大げさな……」。だが、病院で気付いた。体重が15キロも落ちていたのだ。

ウエハースをかじりながら、母と電話した

医師からは「抑うつ状態」と診断され、職場と相談し、休職することに。

「休職してからしばらくは、どんな生活をしていたか、あんまり覚えてないんです」

最初は、服用する薬が合わず、「気分もずっと下り坂」。一日中、部屋の中でぼうぜんとしたまま、ただ時間だけが過ぎていった。

「疲れ切って、生きる意味も分からなくなって、もう死んじゃおうかなって」

そう思い詰めた時に限って、実家の母・良江《よしえ》さん（65）＝山梨県、地区婦人部長＝から食料

品が届く。送ってもらったウエハースをかじりながら、電話で話した。

母はそれまで自営の仕事が忙しく、創価学会の活動に参加できないことも多かった。しかし、夫が倒れ、息子がうつになってから、真剣に活動に取り組むようになっていた。

「俊輔が食べられそうなものを送ったけど、届いた？」

電話口の母の声からは、本当に心配してくれていることが伝わってきた。

それでも、「部屋に一人でいると、死ぬ方法ばかり考えてしまう時があった」。そんな時、察《さっ》したかのように母から電話がかかってきた。何を話したかは、あまり覚えていない。けれど、「私より、長く生きてほしい」という母の言葉だけは、心に残った。

「〝僕のこと、祈ってくれてるんだな〟ってことは、強く感じた。それから少しずつ自分の考え方も変わっていったような気がします」

通う病院を変えたり、体に合った薬が見つかったり。徐々に体調は回復し、休職して1年がたった頃、医師から「そろそろ復帰しても大丈夫だよ」と言われた。

突き出された右手と川沿いのランニング

数週間かけて、出社する練習から始めた。途中で気分が悪くなったら、すぐ帰ると決め、まずは最寄り駅まで、そこから1駅ずつ伸ばしていった。

会社はフォロー体制を作ってくれ、時短勤務から少しずつ復帰できるようにしてくれた。仕事への向き合い方も変えた。

「前みたいに無理はしない。できないものは『できない』と言って、助けてもらおう。そんなふうに考えるようになりました」

仕事に復帰する際に一つ、決めていたことがあった。それは、学会の活動に参加すること。それまで、男子部で活動したことはなかったが、「僕の命をつなぎとめてくれた〝母への恩返し〟がしたかった。やってみなきゃ分からないとも思って」。

そんな29歳の冬、男子部の部長が訪ねてきた。ドアを開けるなり、部長は右手を突き出して言った。「ようやく会えました！」

いきなり求められた握手に衝撃を受けた。「初めて会った時、学会の話を全くしてこなかったのも、当時の僕にはポイント高かったですよ（笑）」

男子部の活動は楽しかった。創価班大学校（当時）にも入り、仲間と一緒に折伏《しゃくぶく》にも挑戦した。初めて弘教《ぐきょう》が実った時は、先輩も後輩も、自分のことのように喜んでくれた。

時には〝ランニング部〟と称して、みんなで江東区の川沿いを走ったことも。「小学校の時みたいに、同じ地元の友達がたくさんできたような感覚でした」

あの時の手紙は、今でも取ってある

　職場に復帰してからは、休職前のように不安定になることはなくなった。それでも、睡眠障害の症状が出ることや、時に深く気分が落ち込むこともある。

「でも、以前とは違うことがある。それは、学会の仲間に、何でも相談できるようになったこと」

　体調が悪化して、活動に参加できないことが続いたある日。男子部の仲間は、お菓子に手紙を添えて差し入れてくれた。

〈ゆっくり休んでください〉

〈志村さんなら大丈夫〉

　手書きの飾らない言葉が胸に染《し》みた。「あの時の手紙は、今でも取ってあるんですよ」

　仕事においては、無理をしすぎないように気を付けながら、着実に成果を残してきた。さまざまなプロジェクトを任され、社内表彰も受けた。

現在、男子部では部長（副本部長兼任）として活動に取り組む。父は、今も意識が戻らず、施設に入所している。毎日、父のことを祈っている。母との電話では、日々の学会活動や仏法の教学の話題も。

「僕がここまで活動を頑張るとは思ってなかったみたいですよ（笑）。母さんが喜んでくれているのが、一番うれしいですね」

〝できる人〟と〝ダメな人〟がいると思っていた

幼い頃から、ずっと自分の力で競争に挑んできた志村さん。「まさか、自分がうつになるなんて思いもしなかった」という。

だから以前は、自分の「弱い」ところを見せたくなくて、「助けてほしい」と周りを頼ることができなかった。

学会の仲間と一緒に信心に励む中で、そうした考え方が大きく変わったと実感する。

「昔は、バスケでも仕事でも、ずっと競争の世界にいたから、自分の中で勝手に〝できる人〟と〝ダメな人〟を立て分けていたような気がする。でも、学会の仲間は、みんな純粋で、計算がなくて、否定せずに受け入れてくれるでしょ。だから、ありのままの自分を出せるようになったし、自然に人を区別することもなくなった」

創価学会の池田大作先生は語っている。

〈「孤独《こどく》」になってはいけない。人を「孤独」にしてもいけない。

悩みに寄りそって、その苦しい「心音」に耳をかたむけてあげなければ。そうすることによって、じつは自分自身が癒《いや》されていくのです。

人を受け入れ、励ますことによって、自分の心が励まされ、開かれていくのです〉

誰にだって、苦手なこと、悩んでいることはたくさんある。取材の最後に、志村さんは語ってくれた。

「学会では、自分も仲間も、お互いの『弱さ』を支え合いながら、みんなで成長している。それって、無理して『強がる』より、よっぽどすごいことだと思うんです。僕自身も、自分の『弱さ』を受け入れられた時、生きる『強さ』が見つかった気がします」

INTERVIEW

近しい人が理解してくれる。そのものが「健康」

あなたの近しい人のなかにも心を病む人は少なからずいるのではないでしょうか。元気になってほしいと願うばかりですが、こちらも心に余裕がなくなると、どうすればいいのかと不安になります。〝持続可能なケア〟について臨床心理士の東畑開人さんに聞きました。

東畑開人
とうはた・かいと
臨床心理士

１９８３年生まれ。専門は、臨床心理学・精神分析・医療人類学。京都大学教育学部卒業、京都大学大学院教育学研究科博士後期課程修了。臨床心理士・公認心理師・博士（教育学）。精神科クリニックでの勤務、十文字学園女子大学で教鞭をとった後、現在白金高輪カウンセリングルーム主宰。慶應義塾大学大学院社会学研究科訪問准教授。著書『居るのはつらいよ―ケアとセラピーについての覚書』（医学書院）で、第19回大佛次郎論壇賞、紀伊国屋じんぶん大賞２０２０受賞。２０２１年、多文化間精神医学会奨励賞受賞。近著に『ふつうの相談』（金剛出版）など。

■心を病むって何？

――精神疾患に関する本を手当たり次第、読みふけりましたが、〝居るつら〈東畑さんの著書『居るのはつらいよ　ケアとセラピーについての覚書』（医学書院）〉〟ほど、笑って癒やされる本はありませんでした。

ありがとうございます。沖縄の精神科デイケアでの経験をもとにまとめたものですが、そこは「笑いのある場所」でした。精神科というものは、メディアなどでは悲惨《ひさん》な光景として描かれやすいと思うんです。もちろん、皆それぞれ、深刻な部分もありますが、日常は笑いに満ちてもいます。デイケアには人生そのものといいますか、苦労もあるけれど、それでも何とか生き抜いていこうとする人間のたくましさがあるように思うんです。

――率直にお聞きします。「心の病」って一体、何なんでしょうか？

究極的な問いですね。心を病《や》むとは周りから「分かってもらえない人」になってしまう、と言い表すことができると思います。

心の専門家とは、言ってみれば、「ふつう」とは違った心の動きを「理解できる（分かろうとする）人」のこと。一般の方はとかく、専門家に魔法のような特別な技法を期待しがちなんですが、そんなものは残念ながらありません。

心の臨床を志《こころざ》して進学する大学生たちと話す機会があるのですが、彼・彼女らも何かスペシャルな言葉かけの方法や技術を身に付けたいと考えている節がある。私は、ケアのためには、技術ではなく「理解」にもっと目を向けるべきだと考えています。大学、大学院まで行って何を学ぶのかというと、この〝心を理解する〟ことを学んでいるんです。

その意味では、当事者・家族は、専門家の「心の理解」を「使う」という発想になるといいのかもしれない。

――特別な「技術」にばかりこだわると専門家頼みになりますが、「理解」に重きを置いて、専門家をパートナーだと捉《とら》えて治療に臨《のぞ》むことが大切になるのですね。受診の際は、当事者だけでなく、家族も付き添った方がいいのでしょうか？

ケース・バイ・ケースですが、少なくとも混乱している時は付き添った方が良いですね。

例えば、うつは「自分をダメだと思う病《やまい》」といえます。本人は自分を責めている。だから、時に、「せめて、ここだけは隠して自分を保とう」と〝カッコつけて〟しまい、正直に症状や状況を伝えられない場合もあるでしょう。そうすると、専門家も適切なアドバイスや薬の処方ができなくなってしまいます。

自分の世話ができなくなっている状態においては、専門家と当事者をつなぎ、家族が言葉を〝翻訳《ほんやく》〟する作業が必要になります。

――周囲が「治ってほしい」と強く思うことは当事者には負担になりますか？

苦しみが和《やわ》らいでほしいと願うのは基本、善意ですからそれは問題ないかと。ただ、本人が治そうと思えていない時に、周囲ばかりが焦《あせ》るのはよろしくない。周囲の「治る」というイメージが独り歩きして、ともすると、その水準を高く見積もり、かつ早期の回復を要求してしまうとご本人はつらくなりますよね。

では、治癒《ちゆ》とは何か。さまざまな言い方があると思いますが、一つ言えるのは当事者が、現実と折り合いをつけられるようになることです。そのためには当事者の理解を助けていく「周囲の理解」が大切になります。本人が変わる以上に、周りが先に変わるということとです。

分からなくなった心を理解していく。そうした理解されている環境の中だったら、不具合自体は続いていても、当事者は何とか生活して楽しんだりもしていけるわけです。近しい人が理解してくれるそのものが「健康である」。健康とは、その人の内側でのみ達成するものではなく、理解してくれる人が周りにいるかどうかという「外側」によって達成していく部分も大きいのではないかと思っているんです。

■具体的な援助のあり方

――理解をしていくためのケア側の具体的な実践とは？

一つは「知る」こと。もう一つは「お手伝い」です。心の病について勉強したり、親の会や家族会の人の話を聞いたりすることは理解を助けます。

また、病んでいる時は、周囲を信じられなくなり、「敵」に見える場合があります。そんな時に「俺だけは味方だよ」と言っても当事者の心には届かない。ですので、具体的に困っていることを手伝ってあげるのがいい。「皿を洗う」とか、結構良いケアだと思うんですよね。あと、掃除をするとかね。
『居るのはつらいよ』でも書きましたが、ケアとは「ニーズを満たすこと（日常の困りごとに対処すること）」。一方、一対一のカウンセリング、つまりセラピーとは、「非日常的な時空間をしつらえて心の課題に取り組むこと」です。ケア側は、言葉だけで助けようとせず、体を動かしながら援助するのもいい。

――精神疾患の症状が一番重い時期は、「専門家の言葉もなかなか届かない」と東畑さんは話されていますが、そうすると、素人《しろうと》である周囲にとっては「いつ、どのように介入したらいいのか」と迷います。

確かに、病者とのコミュニケーションは丁寧《ていねい》にあるべきです。でも一方で、「失敗してもいい、やり直せばいい」という気持ちを持つことも必要だと思います。カウンセラーだって、ときに失敗することもあります。傷つけてしまうこともあります。でも、それについて話し合うことで、「ここが苦しいのか」と新たに分かる。やり直すこと、これが関係性ということを考えるときに、とても大事なことです。
心の病は「時間が治す」というのが私の持論です。ただし、心が病むと時間が止まってしまいます。ひきこもりの場合もそうですが、1年前と昨日がほぼ変わらないように感じてしまう。あるいは、トラウマの人は「過去」の経験がフラッシュバックして「今」を覆います。そんな硬直した状態をゆるませ、時間が流れるようにするのが、理解してくれる人との交流の時間です。

すると、少しずつですが変化が起こります。例えば、津波に襲われる夢で苦しんでいた人の夢の内容が変わってくることがあります。津波が「青い虎」に変わってくる。これは心が動きだした証拠です。止まった心が動きだして夢を加工しているんです。

■ケアってきつくないですか？

――周囲の理解ある支えの大切さは分かりました。しかし、ケアが長期化すると「ゴールのないマラソン感」を感じ、どうしたものかと悩むこともあると思います。

そうですね。「ゴールのないマラソン感」を感じること自体が、うつっぽい状態ともいえます。ケアする側も孤独にならないことです。心は一人で抱えるときついですから。

怒りを一人で鎮《しず》めようとしたり、平静を装《よそお》ったりすることが健康かというと、そうではないと思うんです。ムカついたら声に出していい。飲みながら語り合ってもいいんです。とにかく、関わってくれる人を増やすことですね。依存先を増やすこと。親戚とか友達とか、自分の周りにもケアをしてくれるような存在をつくっていくことが重要になると思います。

プライベートな問題だから家族だけで解決しようなんて考えなくていい。問題が起きて夫婦でカウンセリングに来る方がいますが、「第三者に開く」という意味では、その時点で問題は半分解決したようなものともいえます。

――東畑さんの別の著作を読んでいて、医療人類学者・クラインマンの「ヘルス・ケア・システム理論」の紹介がありました。これって、周囲の理解の大切さを表す理論とも解釈できますよね。

クラインマンの著書『臨床人類学』で書かれている理論ですね。あの本、そろそろ「100分de名著」（NHK）で取り上げられるんじゃないかと、ひそかに狙《ねら》っています。

ヘルス・ケア・システムは、「民間セクター」（親族、学校、職場、コミュニティー）、「専門職セクター」（組織された治療専門職）、「民俗セクター」（宗教者、健康食品販売、マッサージ、呼吸法、体操など）の相互作用を図式化しています。

当事者は、現代医療から心理療法、マッサージなど、さまざまな「治療文化」を利用しながら病に対処し、健康を追求しています。

いつ、誰に「助言を求め、従い」、いつ「別の治療法に切り替える」のか。「ケアが効いているかどうか」「治療が満足するかどうか」は、プロではなく素人である当事者たちが決めています。その意味では、「民間セクター」は、ケアの第一の源であり、最も直接的な決定因になります。ここは強調しておきたいところで、「専門職セクター」や「民俗セクター」の治療をどのように利用するかを決めるのは「民間セクター」であり、最も影響力があるといえます。

私の認識では、現代の宗教は「民俗セクター」というよりも「民間セクター」だと思っています。「民間セクター」はコミュニティーによる共助が機能する場所です。

個人の自由を尊重する近代市民的な倫理からすると、他者が関わることって「おせっかい」なんですよね。それはときに侵入的になるのが事実です。ここが難しいところですが、心の健康にはやはり、おせっかいは欠かせないと思います。

実は、科学批判、専門家信仰への批判の裏返しで、ここ15年くらい、コミュニティーによるメンタルヘルスケアが注目されています。「民間セクター」の大切さが再認識されているともいえます。そういう意味では、宗教は単なる「おせっかい」を超えて共助をつくり出していけるものなんじゃないかと期待しています。

体験

産後うつ

──5人の子のママが語る、〝完璧〟じゃない自分を愛せた話

コロナ禍の影響でリスクが2倍に増えたといわれる「産後うつ」。育児のストレスや出産に伴《ともな》うホルモンバランスの変化など、さまざまな要因があるとされ、出産した人の約10人に1人が経験する（厚生労働省調べ）ともいわれる。ここでは、産後うつになりながら、今も5人の子どもたちの子育て真っ最中のママ、宗山《むねやま》美穂《みほ》さん（38）＝広島市安佐南区、副白ゆり長＝に話を聞いた。

動画が見られます

私は〝完璧な母親〟になれなかった

長男が生まれて半年後、心の中に張りつめていた糸が、プツンと切れた。

「もう無理……」。抱いていた息子をベッドの上に置き、急いで2階の自室へ駆け上がる。

〝もう一緒におることができん〟。どんなに抑《おさ》えようとしても、そんな思いがあふれ出した。

1階から息子の泣き声が聞こえてくる。どんどん息が苦しくなって、過呼吸《かこきゅう》で気を失った。

隣に住む祖父母が救急車を呼んでくれたことは、後から知った。

病院で「産後うつ」と診断された。妊娠・出産を経て、女性の体のホルモンバランスは変化する。さらに育児のストレスなど、さまざまな要因で、誰にでも起こり得る病気だという。

症状は重く、抗《こう》うつ剤の投薬治療が始まった。薬の副作用もあって、ほとんど一日中、横になっていた。息子の世話をしてくれる両親や祖父母を遠目《とおめ》に見ては、自分を責め続けた。

「やっぱり、私は〝完璧な母親〟になれなかった……」

――22歳で夫・義則《よしのり》さん（39）＝男子地区副リーダー＝と結婚。２００６年4月、待望の長男が生まれた。初めてわが子を抱いた瞬間は、感動で言葉にならなかった。

だが、出産した日の晩、悪夢にうなされた。夜中に飛び起きると、涙が止《と》めどなくあふれた。

思い返せば、妊娠中はつわりが重く、パニックになったことも。「家事もやったことないのに、育児なんてもっと分からない」。育児本を買い込んで、理想の子育てを求めて勉強し続けた。

「かわいい服を着させたいな」「習い事は何をさせようか?」

昔から子どもが大好きで、「将来は子どもが5人ほしい」と考えていた。わが子を思うと、夢が膨《ふく》らむ時間がたくさんあった。

けれど育児が始まると、授乳に入浴、おむつ替えと、想像以上に大変なことばかり。育児本通りにはいかない。

同居していた母・坂根《さかね》博美さん(64)=支部副女性部長=がアドバイスしてくれても、「ずっと怒られているように感じていて」。求めれば求めるほど、〝完璧な母親〟と自分とのギャップに焦りが募《つの》った。

子どもに、家族に、生きることに「申し訳ない」

〝自分が悪いんだ〟〝もう消えてなくなりたい……〟

治療が始まってからは、薬の効果が切れると、ネガティブな感情があふれ出す。幻覚《げんかく》や幻《げん》聴《ちょう》にも襲われた。

「天井に、たくさんの真っ黒い何かが動き回っているように見えて、パニックになって」

美穂さん（2列目中央）と夫・義則さん（同左）が、子どもたちと

急に攻撃的になったり、幼児のように振る舞ったり。勝手にスイッチが切り替わり、自分では感情がコントロールできなかった。

薬の副作用があるため、母乳も与えられない。自室にこもる時間が増え、自分を責め続けた。

「子どもに、家族に、申し訳ない。生きていること自体が申し訳ない。自分を追い詰めてしまって、『もう死にたい』と自殺さえ考えるようになりました」

夫・義則さんが教えてくれた〝3つの変化〟

夫の義則さんは、そんな美穂《みほ》さんを見て思った。〝これは、美穂だけの問題じゃない。自分自身の宿命なんだ〟

息子をおぶって、御本尊の前に座る。「これまでの人生で一番、祈りました。真剣に祈る中で、変わっていったことがあるんです」

そう言って義則さんは、〝3つの変化〟について教えてくれた。

①育児の考え方

②周囲との関わり方

③美穂さんとの接し方

まずは、①育児の考え方――。

「育児って本当に大変だからこそ、女性だけ、妻だけって、一方が担《にな》うものではないよねと思ったんです」（義則さん）

育児を〝手伝う〟のではなく、自分が育児を〝担う〟と決めた。仕事から帰宅すると、すぐにミルクを作って飲ませ、抱っこひもで抱えた。さらに食器洗い、洗濯、掃除など、仕事以外の時間は育児と家事に費やした。

美穂さんも体調が良い時は、子どもとおもちゃで遊んだり、絵本を読み聞かせたりした。義則さんは、「子どもへの愛情は、やっぱり美穂にはかなわないなあ」と。

次に、②周囲との関わり方――。

「本音を言えば、僕自身も『誰かに助けてもらいたい』っていう時があった。自分一人で全てをやろうとすれば、いつか僕も倒れてしまう。だから、『今は家族の力を借りる時』だと考えたんです。いつかちゃんと恩返しすればいいって」（義則さん）

美穂さんの父母、祖父母、弟。そして義則さんの父母。皆で入れ替わりながら、子育てに向き合った。

美穂さんの父・坂根峰明さん（67）＝副本部長＝と母・博美さんは、自営の仕事を終えると、孫を連れて創価学会の活動に歩き、身の回りの世話もしてくれた。

そして、③美穂さんとの接し方――。

当初、美穂さんから「死にたい」と言われて、思わず「そんなこと言っちゃダメだよ」と返していたという義則さん。

しかし、「そうやって否定すると、『こんなことを考える自分が悪いんだ』となってしまう」と感じ、接し方を変えた。

「『死にたい』という言葉を真正面から受け止めると、こちらもきつくなっちゃう。でも、これも症状の一つなんだと気付いて、真正面から受け止めることはやめました。むしろ、横にいて認めてあげる。『そういう気持ちがあってもいい』『そう思うことは悪いことじゃないんだよ』と伝え続けました」（義則さん）

美穂さんが発する表面上の言葉に右往左往《うおうさおう》するのではなく、その奥にある苦しみを抱き締めるように寄り添い続けた。そして、〝睡眠と食事〟をバロメーターにして、「まずは食べよう」

「ちょっと寝ようか」と声をかけた。

するると、美穂さんにも少しずつ変化が現れた。「今は苦しい」「今日は落ち着いている」と、正直な気持ちを吐き出せるようになった。

ふっと楽になった、夫の一言

「極端な話、別に産んだ人が育てなくたっていいと思う。母親だけが育児をするのが当たり前なわけじゃないよ」

ある日、義則さんにそう言われ、美穂さんは、はっとした。「この言葉を聞いて、〝完璧じゃなくていいんだ!〟って、ふっと楽になれたんです」

薄紙《うすがみ》をはぐように体調が良くなっていき、御本尊に祈るようにもなった。「それまで海の底でクネクネしながら沈《しず》んでいた心が、浮いてくるような感覚でした」

祈り続ける中で、病気と上手に付き合っていこうと思えた。長男が1歳になった頃、徐々に家事や育児もできるようになった。

再び症状が出たのは、次男を出産した後だった。しかし、転院先の病院で試した治療法が体に合った。前回よりも軽い症状で済み、その後は三男、長女を無事に出産することができた。

「4人目を産んだ頃には、落ち込んでも、『あ、これは病気の症状だから』と思えるようになって。自分なりにコントロールできるようになったんです」

２０１３年、医師から「だいぶ動けるようになったね。表情も良くなってきましたよ」と言われた。発症から7年がたっていた。

太陽みたいに輝けなくてもいい

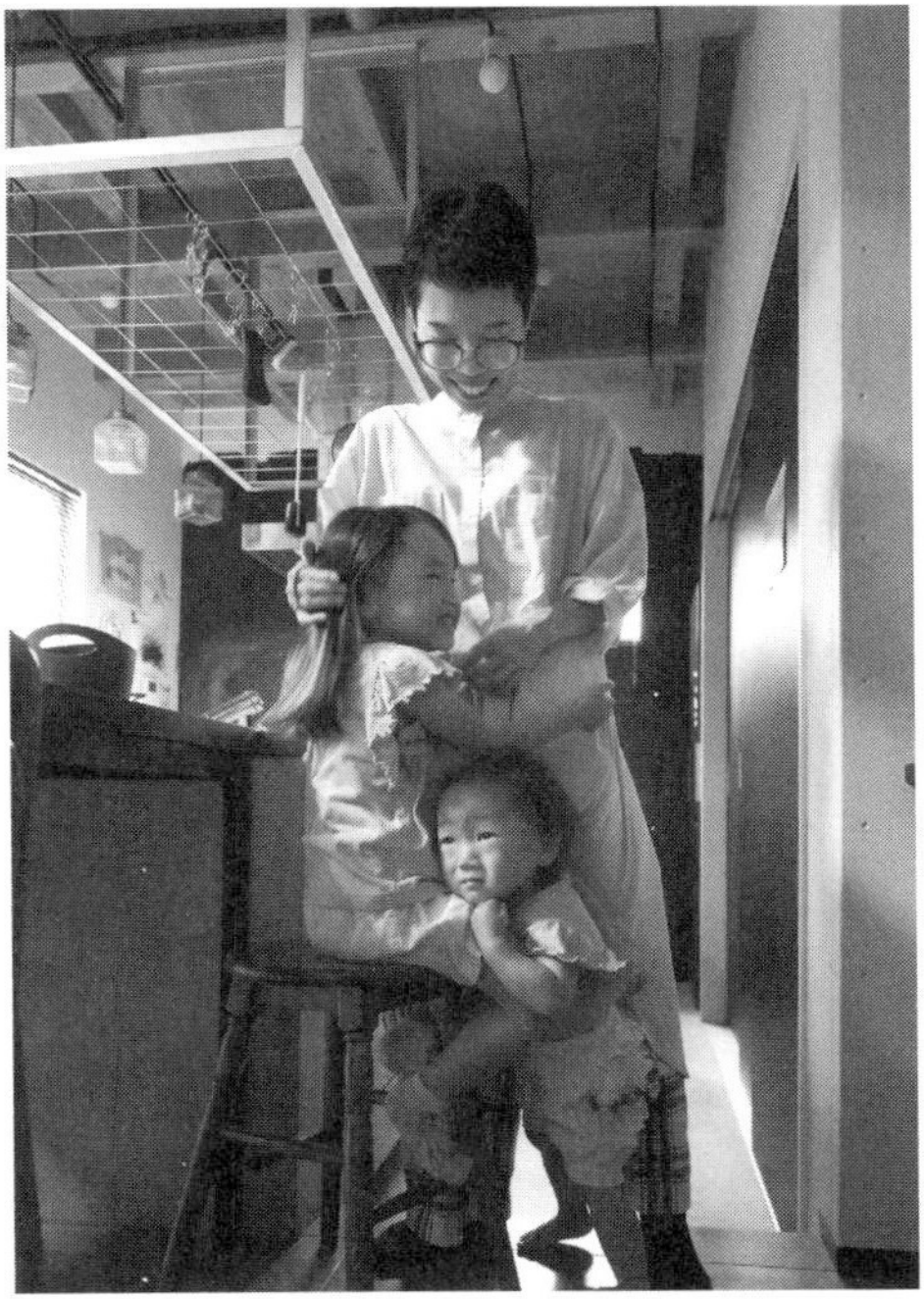
「自分の気持ちと上手に付き合っていこう。そう思えるようになって、生きることのプレッシャーから少しずつ解放された」と語る美穂さん

今、5人の子の母親となった美穂さん。最近、「治る」ということの意味を考えるようになったと教えてくれた。

けがや風邪などは、傷が癒《い》えたり熱が下がったりして、治った結果が見えやすい。産後うつを経験して感じるのは、結果が見えにくいこと。元気になった今でも、気分の浮き沈みはある。

「以前は、すごく〝結果〟が欲しくて、『治った!』って言いたかった。でも、それだけを追い求めなくてもいい。自分の気持ちと上手に付き合っていこう。そう思えるようになって、生きることのプレッシャーから少しずつ解放された感じがします」

白黒つけなくていい。気持ちが落ち込んだら、大好きなアメリカン・コミックスの映画に没頭したり、読みたい本をひたすら読んだり。

助けを借りてもいい。子育てをする中で、焦りやすい場面も分かってきたから、「学校の提出物の締め切りは、自分で書いてドアに貼っておいてね」と、子どもたちにも、できることはやってもらうようにしている。

無理なくできることを少しずつ。今では学校行事の役員も担っている。

子どもたちと一緒につむぐ日々が、「生きる」ことに意味を見いださせてくれた。

「出産するたびに、自分にも、子どもに対しても、いい意味で〝期待値〟が下がってきたんです。健康であってくれればいい。子どもたちには、とにかく幸せであってほしい」

体調が悪かった時も、子どもたちには、できる限りの愛情を注いできた。「ご飯を食べたの?」と声をかけたり、何も言わずにそっと抱き締めたり。そのたびに、子どもたちは、とびっきりの笑顔を見せてくれた。

長男は、最も大変な時を一緒に過ごしてくれた。中学生になった今では、ご飯を作ったり、弟妹の面倒を見たりしてくれる、〝頼れるお兄ちゃん〟。思春期の真っ最中なのに、「お母さんが大人の中では一番信頼できる」と言ってくれる。

大切にしている池田先生の指導がある。

〈今この瞬間も、大宇宙は止まることなく正確に運行している。その宇宙を動かしゆく本源の力と同じ力が、私たち自身の生命の中にある〉

美穂さんは言う。「池田先生の言葉を思い返すたびに、私も私のままで、すごいんだって気付かせてもらえる。５人の子どもたちが人生に行き詰まった時、『お母さんは信心があったから、こうやって生きてきたよ』って胸を張って言いたいです」

美穂さんは「いつも太陽みたいに明るく輝いていなくてもいい。子どもたちのそばで、そっと照らす存在でありたい」と語ってくれた。

まぶしすぎると、目をそらしてしまう。小さな光でいい。それでも、きっと誰かを温められる。

今は、〝完璧〟じゃないところも含めて、ありのままの自分を愛せる。

INTERVIEW

回復に締め切りはない。薬と時間、人の温もりが必要です

夏苅郁子
なつかり・いくこ
児童精神科医

1954年、北海道札幌市生まれ。浜松医科大学医学部卒業後、同精神科助手、共立菊川病院、神経科浜松病院を経て、2000年、静岡県焼津市に「やきつべの径（みち）診療所」を夫と共に開設。全国精神保健福祉会連合会（みんなねっと）理事など役職多数。主な著書に『心病む母が遺してくれたもの　精神科医の回復への道のり』（日本評論社）、『人は、人を浴びて人になる　心の病にかかった精神科医の人生をつないでくれた12の出会い』（ライフサイエンス出版）。

ここでは、精神疾患の当事者家族への支援について話を聞きました。児童精神科医の夏苅郁子さんは、重い精神の病気になった母に育てられ、青年期に自身も精神疾患を経験しました。

■病気の説明をきちんと受けたい

――夏苅さんは十数年前に統合失調症の母親のことや、自身の精神疾患の体験について公表しました。

公表したら、ある医師からこっぴどく怒られてしまいました。「医師というのは、患者さんにとって安心の依《よ》りどころであるのだから、あんな弱み、リストカットをしただの、オーバードーズ（市販薬を大量に摂取すること）しただのと、そんなことを言ったらいかん。専門家なら、もっと堂々としていなければいけない」と。

そういう医師の意見は今もあると思います。けれども、私にはちょっとクエスチョンなんです。医師にそういった「確固たる偉さや強さ」を求める患者もいるでしょう。ただ、そうではなくて、「同じ目線のところまで降りてきて、話を聞いてほしい」と思う患者もいます。その意味では、さまざまな医師がいていいのではないでしょうか。

――夏苅さんは講演などで全国を回っていますが、患者やその家族と接し、「同じ目線」

に立つことで何が見えてきましたか？

「病気の説明」をきちんと受け、病気を理解したいと願う人たちが数多くいることを実感しました。

1　私はこれからどうなるのか
2　私は何をしたらいいのか
3　今後、具体的には何をしてもらえるのか
4　私は病気の経過の中のどの辺にいるのか、今後、どの程度の確率でどんなことが起きるのか

病気と共に生きている患者、家族にとっては、こういったことを知りたいのは当然のことです。

――説明を受けるといっても、診察の時間は限られているし、どうすればいいのか、迷う方も多いと思います。

確かに、医師に対して、説明を求めることをためらう方もいます。そんな時に活用してもらいたいのが「質問促進パンフレット」です。

２０１６年に統合失調症の患者や家族、支援者の方たちが、精神科医に率直に尋《たず》ねられるように作成しました。統合失調症の患者に限らず使用することができ、誰でもダウンロードできます（https://decisionaid.tokyo/）ので、受診の際の参考にしてみてください。

一度の受診で全ての質問を聞くことは難しいかもしれませんので、その際は「今日はこの一つ」と決めて、あらかじめ医師に伝えておくといいでしょう。

また、難しい質問で医師が答えられない場合もあると思います。このパンフレットは、「正解を答える」ものではありません。今の精神医学では「何が分かっていて、何が分かっていないのか」を患者・家族・担当医みんなで確認して、目の前の症状をどうするかを話し合うことが重要なのです。

■「最高の精神科医」と「最悪の精神科医」

――患者の家族も、より主体的な立場で、医師と向き合っていくことが求められているということですね。

私はそう思います。患者が飲む薬について、医師に丸投げというのはちょっと怖い。単なる消費者でいてはいけない。当事者家族も勉強が必要になると実感しています。

２０１５年になるのですが、精神疾患の患者・家族を対象に「望まれる医者像」についてアンケートを行いました（回答総数７２３４、ネット含む）。精神医療の調査としては最大規模になります。

調査の結果、「最高の精神科医」が浮き彫りになりました。

当然といえば当然ですが、「最高の精神科医」は、「薬の処方が適切で、人柄とコミュニケーション能力に優《すぐ》れた人」でした。では、「最悪の精神科医」とはどんな医師なのでしょうか。最高の医師の条件の真逆だと思われますか？

あるご家族は「最悪の精神科医は、薬の処方が〝不〟適切だが、人柄とコミュニケーション能力は優れた人です」と言いました。

人柄やコミュニケーション能力は申し分無いのですが、薬の処方が20年前のままで止まっている。

つまり、不勉強で薬への知識が更新されておらず、それでいて人柄は良いので、「情にほだされ、他の医師の受診に切り替えることが難しくなるからです」と指摘していたことが忘れられません。

ですので、処方薬は適切か、具体的には、患者に定期的に血液検査を行っているかも確認してみるといいと思います。

■ヤングケアラーへの支援

――患者・家族が賢明になるには、ある程度の支援が必要であり、生活に余裕も生まれないと難しいのではないでしょうか。

日本におけるケアのあり方も、「家族に依存した支援」から「社会による支援」へ転換が求められていると思います。「家族なんだから、患者の面倒を見なければいけない」というのでは限界があります。家族が機能不全だった場合はどうすればいいのでしょうか。

最近は、障がいや病気のある親族の世話や家事を行う、18歳未満の子どもを「ヤングケアラー」と呼び、マスコミなどで取り上げられるようになりました。

〈夏苅さん自身もヤングケアラーだった。母は23歳の時に精神科を初診。夏苅さんを出産した後も体調は思わしくなかった。また夫婦関係も良好ではなく、父は1カ月に1回くらい家に帰ってくればいい方だったという。

夏苅さんが10歳の頃、母に異変が。夜は眠らず、些細《ささい》なことで怒りだす。母は他人との接触を避け、昼夜の区別なく本ばかりを読み、家事はほとんどしなかった。統合失調症の発症だった。朝になっても母は起きてこず、夏苅さんは一人でパンを食べて登校した。

母は家出や自殺未遂を繰り返すため、夏苅さんは友達の家に遊びに行くこともできなくなり、友達もいなくなった〉

――夏苅さんは今で言うヤングケアラーとして過酷《かこく》な状況に置かれていました。夏苅さんは毎日、宿題をちゃんとやり、学校にきちんと通っていたそうですね。身体的な虐待《ぎゃくたい》もないことから、学校や児童相談所が生活の改善のために介入《かいにゅう》してくることはなかったんですよね？

私もそうでしたが、こういった状況の子どもたちは、おしなべて「いい子」です。洗濯や買い物は自分でやるしかないと思っています。もし文句を家で言おうものなら親の具合が悪くなってしまう。そうなっては自分が困るだけです。

日本の児童福祉は、問題のある子には支援は届きやすいですが、「いい子」は、なかなか注目されません。「いい子」といっても、それは無理をしていますから、その状態が積み上がってくると、ただではすまない。心や体に異常を来《きた》してしまう。ずうっとご奉仕ばかりじゃ済みません。やっぱり、子どもには世話をしてくれる人が必要です。

人間も含めて全ての動物は、自分を世話してくれる人が好きなんです。世話をしてくれなかったら人を信用したり好きになったりはできないでしょう。

だから、親に病気や障がいがある場合は、法律や制度で国が子どもたちを守らなければいけないと思うんです。

イギリスでは、1995年に「ケアラー法」が制定され、99年に全国戦略を策定。自治体の責任のもとに在宅介護の支援を行っています。各自治体の地域ごとに「ケアラーズ・センター」が設置され、地域のケア拠点で患者さんの介護を行う家族へのさまざまなサポートがなされています。

日本でも、埼玉県が地域家族会の尽力により、「埼玉県ケアラー支援条例」を令和2年3月31日に制定しました。

この条例には「ケアラーの支援は、全てのケアラーが個人として尊重され、健康で文化的な生活を営むことができるように行われなければならない」と書かれています（岡山県総社市でもケアラー支援の条例が制定されるなど、全国で少しずつ動きがあります）。

■「普通が憧れなんです」

――夏苅さんが子どもの頃にあったらよかったと思う支援はなんでしょうか。

いろいろありますが、一つは子ども食堂です。「温かいご飯を食べたい」と感じた時にふらっと立ち寄れるような場所があるといいですね。

食べに行っても、家庭の事情に土足《どそく》で踏み込んでくるわけでもなく、〝善意ある無関心〟でいてくれるから、食事とおしゃべりを素直に楽しむことができる。相手の心に押し入らない。けれども、「いつもあなたのことは気にしていますよ」という距離感がありがたいんですよね。

子ども支援をしている人たちから、「精神疾患の親を持つ子どもにどんな支援をすればいいか」とよく聞かれます。私は「そんなに難しく考えなくていいです。食事をしたり、遊んだり、普通に接してくれるだけでいいと思います」と答えています。

ヤングケアラーのような子たちは、普通が憧《あこが》れなんです。普通って大したことじゃないと思うから、支援する側は特別のことをしようと思うでしょ。そうではなく、普通に接してくれるから、子どもたちも気が緩んで打ち明け話もできるようになります。

週1回でもいい、たくさん甘えられる時間をつくってあげたい。大人になった時に効いてきます。面倒を見てもらえたと思うと、運命を恨《うら》むような気持ちも減るのではないでしょうか。

私の場合は、2歳から5歳まで叔母が世話をしてくれました。実の子と同じように私を愛情深く育ててくれた叔母の助けがなかったら私も危うかったですね。途中でつぶれていたでしょう。

■人って崇高で素敵だな

――今現在、困難な状況に置かれている患者・家族に対してメッセージをお願いします。

若い頃、私は2度、自殺未遂をしました。自暴自棄《じぼうじき》になり、リストカットをし、摂食障害、アルコール依存にもなりました。苦しい日々が続きましたが、それでも、転機は訪れました。

人は苦しい時、目の前に起きていることが一生続くように感じるものです。私もそうでした。でも実は横道は必ずあります。

高い地位や資格があるわけでもない普通の人たちとの出会い。その方々が私に、まっとうに接してくれ、私の話を聞いてくれたおかげで元気になれました。

視覚障がい者の団体が主催する会で講演をさせていただいた時のことを紹介しましょう。その日のテーマは「精神疾患の家族を持つ子どもへの対応」でした。

当初、視覚障がい者の方々のイベントで、なぜ精神疾患をテーマに取り上げるのかが不思議でした。講演後の会員の方の質問で、私の疑問は解けました。

「自分たちは、鍼灸《しんきゅう》・マッサージの訪問診療をしているのですが、訪問先でどうも様子がおかしいと思える家庭があるんです。私たちは人の身体を触って治療をしますが、相手の精神状態も身体を通して分かるんです。異常に緊張が高い人、独り言のような会話をしていたり奇妙な動作をしたり。

そして、そういう家は大体が、家の中が散乱しています。そんな家に幼稚園生や小学生くらいの子どもがいたりするのですが、全く子どもらしくない。子どもがいるというエネルギーが伝わってこないんです。ひもじいのか何かにおびえているのか、ともかくじっとこっちを凝視している気配を感じてふびんでなりません。

この子は将来、どうなっていくのか。私たちの仕事は鍼灸・マッサージですが、何かできることはあるのでしょうか」

この質問を聞いて、私は泣きそうになりました。「目の前にいる誰かを助けたい」。悪意や無関心の人もいる。争いや暴力を振るう人もいる。しかし、その一方で、人は崇高《すうこう》で素敵だなと思いました。

精神の疾患から回復するには、薬と時間、そして人の温もりが必要です。仲間は必ずいます。そして、人が回復するのに、締め切りはないのだと、心から思っています。

体験

パニック障害と向き合い続けるプロ野球選手

パニック障害と向き合いながら16年間、プロ野球選手として活躍した選手がいる。小谷野栄一——。現在はオリックス・バファローズで野手総合兼打撃コーチを務めている。

動画が見られます

あの日は、「いつものように」はいかなかった。プロ4年目の2006年6月。二軍の試合、対巨人戦。小谷野栄一さんはネクスト・バッターズ・サークルで突然、強烈なめまいと吐き気に襲われた。〝熱中症か？　食あたり？〟。頭が混乱する中、何とかこらえて打席に立つ。しかし、症状は治まらない。むしろ、ひどくなるばかり。思わず主審にタイムをかけて打席を外《はず》すと、その場で吐《は》いてしまった。

「試合から数日後、病院で胃カメラを飲んでも、異常なし。再診の際、医師から心療内科を勧められ、診断の結果が『パニック障害』でした」

「パニック障害」は、何の前触《まえぶ》れもなく、めまいや呼吸困難などとともに激しい不安に襲われる。

ひとたび発作を起こしてしまうと、「また起きるのでは……」という「予期不安」や、電車の中などの人混みを恐れる「広場恐怖」を招きやすくなる。日本人の100人に1人の割合で起こるといわれ、最近では、抗うつ薬や抗不安薬などの薬物治療と同時に、認知行動療法を用いると効果が高いことが認められている。

絶望以外、何も感じられなくなっていた

小さい頃から緊張しやすい性格だった。学校の授業で教師から「本読み」をお願いされても、

うまく声を出せなかった。次の日に何か大切なイベントがあると、前日から緊張することが多かった。

体を動かすのは好きだった。小学2年から少年野球チームで野球を始め、中学卒業後に進学した創価高校では甲子園に出場。創価大学野球部でも活躍し、ドラフト5位指名で日本ハムファイターズ（現：北海道日本ハムファイターズ）に入団した。一軍での活躍を誓い、懸命に練習に励んでいた4年目、突然の発作だった。

「あの日以来、パニック障害の症状は段々とひどくなりました。嘔吐《おうと》や過呼吸だけでなく、不眠の症状も強まっていきました。診断が出た7月以降は二軍生活が続き、徐々に試合にも出場できなくなり、最終的には練習すら参加できなくなったんです」

当時26歳。いつ解雇《かいこ》されるか分からない厳しいプロの世界。若い年齢で球団から戦力外通告を受ける選手は山ほどいる。

怖くなって寮の自室に閉じこもった。絶望以外の何も感じられない。心のどこかで「死んだっていいや」という気持ちもあった。心配した球団側から、ひとまず実家に戻って療養することを勧められた。

現在、オリックスバファローズでコーチを務める小谷野栄一さん

安心して病める環境

「いつでも帰っておいで。野球がやれなくなっても、栄一が大切な息子であることに変わりはないんだから」。両親の言葉が胸に染みた。実家に戻ると、寮で閉じこもっていた時に失《う》せていた食欲が、うそのように回復した。

「支えてくれる人が近くにいたっていうのは本当にありがたかった。何かしてほしいということではなく、いてくれただけでよかった。それだけで幸せでしたね。

当時、二軍のコーチだった福良《ふくら》淳一《じゅんいち》さんの言葉も忘れられません。『何回吐いたって、何回倒れたっていい。打席に立つまで何分かかっても、バットを振らなくっても構わない』と。支えてくれる人たちの言葉に、病みながらでも野球ができる環境があると感じられて、いい意味で開き直ることができました」

野球日記からの捉え直し

初めての発作から数カ月後の夏、小谷野さんは創大野球部の岸雅司《きしまさし》監督（当時）のもとを訪ねた。自身の苦しみを包み隠さずに打ち明けた。じっと耳を傾けていた岸監督は一言こう言った。

「何も心配しなくていい。大学の時と同じように、とにかく自分らしくやればいいんだよ」

自分らしくって何だろう――ふと、「野球日記」のことを思い出した。創大野球部の選手は、日々の行動や心境などを大学ノートに記し、それを見た監督がコメントを残す。

「心で勝て　次に技で勝て　故に　練習は実戦　実戦は練習」。創大創立者の池田大作先生が野球部に贈った永遠の指針。日々の日記は「人間野球」を目指す取り組みの一つだった。

〝自分自身と向き合ってみるか〟。小谷野さんは久しぶりに「野球日記」を再開した。

「学生時代は、池田先生の指導をはじめ、聖教新聞の記事で今の自分にとって欠かせないと思った言葉を切っては、ノートに貼っていました。もう一度、それを再開して。

特に病気の症状がひどく、外出できない時なんかは、新聞一面全ての記事を手書きで書き写す時もありました。結構大変でしたけどね（笑）。それと、小さなことでもいいから『達成できたこと』を書き込むようにしていました。他にも、一日の最後は感謝の気持ちを言葉にして締めくくるように心がけていました」

毎日がゼロからのスタート。準備で勝つように

症状は少しずつ和らいでいき、翌年には、一軍でシーズン開幕後の春先から出場のチャンスを得た。それでも、めまいや吐き気は日常茶飯事。試合中、ベンチ裏のトイレで何度も吐いた。

「毎日、ゼロからのスタートだと決めていました。『マイナスから這《は》い上《あ》がる』とか、そういうふうには捉えないようにしていましたね。

病気に真正面から向き合うようになって、野球に対する姿勢が変わりました。症状が出ることを事前に想定し、万全の準備をするようになったんです。例えば、過呼吸を防ぐために、飴《あめ》を薬代わりに常に持つとか。飴玉を口に入れることで唾液《だえき》の分泌が促進されて、息がしやすくなるんです」

大勢の観客から「見られてる」と思うと、緊張してしまうため、なるべく自分から球場を見渡し、観客を見るようにも意識した。

「それでも、呼吸の仕方が分からなくなったり、心臓がバクバク乱れたりすることもありました。そういう時は、耐えるというよりは、『今、自分は一生懸命、真剣に考えているからこう

なっているんだ』と自分に言い聞かせました。そして、『野球を楽しもう』と意識転換するようにしていました。

題目も心の中でよく唱えていましたし、何かあるたびに師匠である池田先生の顔を思い浮かべました。試合中、池田先生の顔がバックスクリーンに映ったように見えて、〝よし、やるぞ〟と奮起できた時もありました」

最終的に、２００７年はプロ入りから最も良い成績で終えることができた。一軍で１１３試合に出場し、92安打・５本塁打という結果だった。

病になって、自分が好きになった。人も好きになった

２０１０年にはパ・リーグで打点王とベストナインを獲得。ゴールデングラブ賞（守備力の卓越した選手が、ポジションごとに各リーグ１人ずつ選出される賞、いずれも三塁手で受賞）も３度受賞。

16年間の現役生活で１３９４試合に出場。１２６０本の安打、71本の本塁打を打つことができた。

「自分一人の力だけでは、絶対にここまで来ることはできなかった。周囲に恵まれました。選手時代は、同じように病を抱えるファンからの手紙や、闘病中の人との出会いによっても、本

選手にアドバイスをする小谷野コーチ
（右。2021年3月、大阪市のオセアンバファローズスタジアム舞洲で）

当に励まされました。今も自分を突き動かす原動力になっています」

現役引退後、小谷野さんはプロ野球のコーチに。創大出身者では初だ。しかし、小谷野さんはコーチとなった今でも、パニック障害と向き合い続けている。

「自分のことだけに目を向けていられた現役の頃の方が、同じ症状が出ても前向きに意識転換しやすかった。でも今は多くの選手に対しても責任ある立場です。新たな決意と共にプレッシャーも大きい。症状がきつい日もあります」

池田先生は語っている。

〈人間、だれもが病気になる。その中から、どう深い信心によって、一段と大きな境涯を開いていけるか。これが大事だ。

病気と闘ったことのない人には味わうことのできない、深い深い幸福、永遠の次元の健康の喜びを味わうことができるようになる。そのための信仰である。

何があっても、最後は必ず良い方向に進んでいけるのが、信心である〉

「病気になって得たことは何か？」と質問すると、間髪入れず、小谷野さんは語った。

「病を通して、他人と自分を比べないようになりました。野球以外の日常生活のシーンでも症状が出る時もあります。それならそれでいい。たとえ立ち止まったとしても、休憩する時間をもらったと思えばいい。その方が結果的に先に進めると思うんです。

また、以前よりも人を好きになれるようになりましたね。病気になる前は、一部分でその人を判断してしまっていた。今は相手のいいところを見られるようになりました。心を通わせられる友達も増えたし、野球界をはじめ、他のスポーツ選手からも病気について相談され、つながりを持つこともできました」

コーチになってからも野球日記は続けている。小谷野さんが追いかける「自分らしさ」とは——。

「自分らしさって、何か固定的なものではないと思う。日々進化していくもの。日々挑戦していっているものが、結果的に自分らしさになっていく。僕も10年前の自分とは違う『らしさ』が今あると思うし、まだまだやりたいことがたくさんあります。達成するかどうかは分からないけれど、プロ野球に限らず、子どもたちと野球を通してつながりたい。できるのであれば、他の職業もチャレンジしてみたい。野球と関連がなくても、やりたいと思ったら資格を取ったりチャレンジしたいですね！」

INTERVIEW

「聞き切る」「話し切る」ことで人は回復していく

ここでは、対話（ダイアローグ）がもたらす効果について、日本人医師として初めてオープンダイアローグの国際トレーナー資格を得た一人である、精神科医の森川すいめいさんに話を聞きました。

森川すいめい
もりかわ・すいめい
精神科医

1973年、東京都生まれ。精神科医、鍼灸師。クリニックで訪問診療等を行う。2003年にホームレス状態にある人を支援するNPO法人「TENOHASI（てのはし）」を立ち上げ、現在も理事として活動中。09年、認定NPO法人「世界の医療団」ハウジングファースト東京プロジェクト代表医師、13年、同法人理事に就任。オープンダイアローグ国際トレーナー養成コース2期生で、20年に日本の医師としては初めてオープンダイアローグのトレーナー資格を取得した2人のうちの1人。世界49カ国を旅する。著書に『感じるオープンダイアローグ』（講談社）など。

■「困っていること」に焦点を当てる

――オープンダイアローグ発祥の国フィンランドでは、対話によって、精神面に困難を抱えた人の8割が回復したと聞きました。学校や職場、家庭、議会でも「対話の場」が開かれ、大きな成果を上げている、と。森川さんはどのような経緯でオープンダイアローグにたどり着き、実践をされているのでしょうか。

十数年前になりますが、精神科のある病院で研修医として働いていた頃、先輩医師から「もっと患者と家族の話を聞きなさい」と言われました。

確かに、患者たちの声を十分に聞くことができないまま、診断し、薬を出す毎日に自分自身、納得できずにいました。しかし、日本の医療制度では、診察に15分以上かけると病院経営が成り立たなくなるのもまた事実です。

〝他の医師よりは話を聞いているつもりだ。これ以上、どうすればいいいんだよ〟

そんな反発したい気持ちを抱いたまま、先輩医師の診察に同席してみると――何か大したことは話していないのに、患者や家族が笑って満足して帰っていく。元気になっている。

一体、これはどうしたことだろう、何かテクニックがあるのか。

一般的な診察と異なる点を挙げてみると、その医師はパソコンには向かわず、患者や家族と輪《わ》になって話をしていました。

輪の外にいる勉強中の私にも「君はどう思う?」とやたら話を振ってくる。なぜ、輪になって話しているのか、私にも話しかけてくるのかが、よく理解できませんでした。

ある日、入院患者と廊下でしゃがみ込んで「最近、どう?」と話をしていた時のことです。

患者は「今、退院したら家族に迷惑かけるから我慢してるんだ」と言いました。症状や薬とは関係のない話でした。

「本当は家族間で話をして理解し合いたい」とも訴えていました。今そこにある苦悩について話をする機会が足りていないことに気付かされました。

――世間話《せけんばなし》をするような雰囲気だったからこそ、出てきた発言なのでしょうね。

その後、「病名」を中心にではなく、「相手の困っていること」を中心に話を聞こうと思い立ちました。

時間を見つけては病院の外に出て、患者の家で話を聞くようなことを少しずつ始めました。それが功《こう》を奏《そう》す時もありましたが、〝かえって良くなかったのかな〟と反省する時もありました。

ある医師からは「自殺念慮《ねんりょ》のある人や統合失調症の人の話は聞くものではないよ。患者の具合が余計に悪くなるから」と何度か怒られたこともありました。当時は迷いながら進んでいるという状態でした。

オープンダイアローグを知ったのは２０１４年です。その単語の響きを聞いた瞬間、直感で「そうだよ、これだ」と思いました。ともかく、フィンランドを訪れてみようと決めました。

■変えようとしないから「変わる」

――オープンダイアローグについて詳しく教えてください。

一言で言えば、「困りごとがある本人と関係者を交えて対話をする」というものです。

オープンダイアローグの「オープン」とは、クライアントである患者やご家族などの関係者に対して「開かれている」という意味です。かつての精神医療では、本人の情報が本人たちにクローズにされていたり、医療者が治療方針を本人のいないスタッフルームで話し合って決めていたりしました。

しかし、オープンダイアローグ発祥のケロプダス病院では、そういうことをなしにして、困難を抱えている本人と関係する人たち、そして複数の医療者とで対話する場をつくりました。

「どうしたら困難を抱えている人たちのことを理解し、助けになることができるのか？」

——そう考え続けた結果、１９８４年にオープンダイアローグは生まれました。

——対話を行う際、ルールのようなものはあるのでしょうか？

病名をもとに対話を行うのではなく、苦悩、困難、困りごとについて、1回当たり、60分〜90分を目安に一人ずつ思っていることを話していきます。

例えば、患者と家族、医療者でオープンダイアローグを行ったとします。まず初めに、ファシリテーター（進行役）が「今日は60分という時間の中で何について話をしたいですか？」と参加者に聞きます。そして、それについて順番に話をしていってもらいます。

その際、相手が何を言いたいのかを「聞き切る」ことが大切です。聞きながら何か答えようとしたり、話をさえぎったりしてはいけません。

また、「家族の中の問題を見つけよう」とか、「分析や解釈をして、良い方法を考えよう」とか、変化を求めるような話の持っていき方はしないようにします。ただ単に、それぞれが思っていることを話します。

そうすると、実際に今起きて困っていること自体は変わらないかもしれないのですが、それに対する「感情的な理解」が変わっていくんです。

家族の中で、お子さんに幻覚や妄想《もうそう》が起き、両親が困っていたとします。対話の前は、両親は自分たちの考えや心配事についてもっと子どもに分かってほしいと思っていることが多い。

しかし、いざ対話を開始すると、両親は気付きます。「よくよく考えてみたら、子ども自身がどう思っているかをじっくり聞いたことがなかったな」と。

お子さんが日頃、家で何かぶつぶつ言っていたとしても、ちゃんと話を聞かずに様子だけを見ていた両親が、対話を通して「子どもがどうしてそうなったのか」を理解していこうという姿勢になっていく。

すると、「ああ、そういうことに悩んでいたんだ」「そういう意味だったんだ」と「感情的な理解」が変化していく。

子どもの側は「両親は何も分かってくれない」から「両親が理解してくれた」になり、信頼関係が大きく変わるんです。

私は、幻覚や妄想は「結果」だと思っています。つらいことやショックなことがあっても、それを話す機会がなく、ストレスが増大して精神的に追い込まれていく。内にこもって独りぼっちになった結果、幻覚や妄想といわれるものに発展していくのではないか。

外側の症状に対して診断をし、薬を出しても、本人の話を聞いてもらえていないことは変わらないし、本当に困っていることは大事にされていない。

ですから、本当の意味で回復していくには、既存の日本の医療や支援の現場に、もっと対話があった方がいいと強く感じているんです。

■工夫① 話し手は「シンボル」（ぬいぐるみなど）を持つ

――相手の話を「聞き切る」という行為は、意識しないと、なかなか難しいのかもしれません。「自分が正しい」と思い込んで、途中で話をさえぎったり、否定したりしてしまいそうで……。

そうですね。「聞き切る」ために工夫できることはいくつかあります。例えば、ペンやぬいぐるみなど、何かシンボルになるものを使って、それを持っている人だけが話すというルールを設けるのはどうでしょうか。

話す側も邪魔されずに安心して話せるし、聞く側も「今は聞く番」だと認識できます。

■工夫②　「I《アイ》メッセージ」で話す

対立ではなく対話につなげるためには「I（アイ＝私）メッセージ」も有効です。「Iメッセージ」とは、自分の考えを自分の考えとして話すということです。

これは「相手のことを理解しようとしても、理解し切ることはできない」という対話の根幹部分を意識したものです。

「なぜ、あなたはそんなことをするのか？」「そんなことはやめた方がいい」「こうした方がいいのに、なぜしないのか？」などと、自分の考えなのに相手のせいにして、言葉にしてしまうことが会話の中ではあると思います。

そうではなく、「あなたがそうした理由を〝私は〟理解したいので教えてほしい」「〝私は〟それはやめた方がいいと思う。その理由は○○だからなんだけど、でも、あなたもそれをしたい理由があるんだと思うので、そのことを聞きたい」

「〝私は〟こうした方がいいと思うんだけど、あなたは、そのことに対してどう思うかを聞いてもいい？」というように、Ｉメッセージで話すことができれば対話が生まれやすくなります。

■工夫③「リフレクティング」で観察

――他にも工夫できることはありますか？

「リフレクティング」も効果があると思います。「リフレクティング」とは、「話すことと聞くことを分けて、それらを丁寧に重ねるための工夫」のことです。

４人でオープンダイアローグをしていたとしましょう。途中で「医療者」と「患者・家族」とを分けて、チームを二つにします。片方のチームが話している時、もう一方のチームは完全に聞く側に回ります。こうすることで何が起きるか。

患者や家族は普段、医療者たちが何を考えているのかが分からないまま、診察を終えるということがあると思います。

しかし、リフレクティングによって、医師や看護師などの医療者が患者の努力に感動した気持ちや、こころが回復していくためのいくつものアイデアを述べたりする光景を、患者や家族は外側から観察することになります。

そうすることによって、医療者たちが何を考えているのかを聞けるので、患者や家族の安心につながることが多いのです。

医療者だけでなく、家庭でも「親チーム」と「子どもチーム」で、分けて話せたらいいですよね。両親の考えをじっくり観察する機会なんて、ありそうでないですから。

――リフレクティングによって、「こんなことを考えていたんだ」「なんか認識が違うな」と俯瞰《ふかん》して見られますね。オープンダイアローグで「これをやったらダメ」というものはありますか？

対話なので対等であることが大前提です。「医療者が正しくて、あなたたちに教えなくてはいけない」という感覚を持っていると対話にはならないでしょう。

両親も「親が正しい」「子どもを導かなかればならない」と思わないことです。学校の先生も、政治家も、警察官でも同じ。対等な「人間対人間」になっていく、ということが重要になります。

■工夫④「下の名前」で呼ぶ

——著作の中で、オープンダイアローグ中、名前を呼ぶ際は役職で呼ばないようにしているとありました。「お父さんはどうですか?」でなく、下の名前で「○○さんはどうですか?」と呼ぶように、と。

役割から降りて、対等な関係性の中で話してもらうためです。極力、理由を伝えつつ、「下の名前で呼んでもよろしいでしょうか?」と聞きます。それでも嫌だという人もいますが、その時は無理強いはしません。

■対話は「いつでも」「誰でも」できる

――オープンダイアローグといっても時間が限られています。「話し切る」ことはできるのでしょうか。

病院では90分や60分と限られていますが、帰った後も家庭の中で対話が行われるというか、それぞれの言い分を聞いて、「じゃあ今度は私の番」というふうに、続きが家でできちゃうんです。

むしろ、第三者（医療者）という「一番分かっていない人」がいなくなった後の方が、より対話が深まったりするんですよね。いつでも、誰でも行えるのがオープンダイアローグのいいところです。

第2章

ひきこもり

体験

「変わりたい」。その気持ちに会いに行く 10年間ひきこもった陶芸家

全国でひきこもり状態にある人は115万人を超え、人口の1%に相当するといわれている（内閣府推計）。当事者の抱える悩みや思いは人それぞれ。島谷《しまや》武徳《たけのり》さん（39）＝佐賀県唐津市、圏男子部長＝は、中学卒業から10年間ひきこもった経験を経て、現在は佐賀県の窯元《かまもと》で、唐津焼の制作に父と二人で打ち込んでいる。ここでは、島谷さんが、ひきこもりの渦中にいる人に伝えたい思いを聞いた。

動画が見られます

自信が底をついている状態

――中学2年の時、いじめに遭った。「もう限界」。数カ月耐えた体が拒否反応を示した。学校に行けない日が多くなった。中学卒業後、島谷さんは通信制の高校へ。「でも、人間関係を一からつくる気力が湧かなくなっていました」。入学から1カ月で中退。部屋にひきこもった。

島谷さん　毎日、テレビを見て過ごしていました。画面には、自分とは全く違う、キラキラした別世界が広がっていて。バラエティー番組をよく見ていた記憶があります。笑っていたい、感情を表に出したいという欲求があったんですかね。

でも、テレビを見ていると、自分の時間は止まっているのに、世間はどんどん進んでいくような感じがして、自分だけ取り残されていくようで不安でした。

「このままの生活がずっと続けばいい」。ひきこもりの人で、そんなふうに思っている人は、恐らくいないと思うんです。でも、エネルギーがどうしても湧かない。

自分を否定し尽くして自信が底をついている状態だからなんですかね。「毎日、失敗した人生」を生きているような感覚でした。

「常識」でなく「好き」に目を向けた

島谷さん　「気分転換に図書館にでも行ってきたら」と親は言います。でも、どんなアドバイスをもらっても入ってこないというか。頭では何となく理解できるんですが、心が動かない。「せめて、朝はちゃんと起きてリズムをつくろう」とも言われましたが、ひきこもり中に社会の常識は何の役にも立ちません。

むしろ、「常識」からではなく、おのおのの「好き」からスタートした方がいいのかもしれません。その方が失った自信を回復して、結果的に行動を起こすことになると思うので。

私の場合は子どもの頃から漫画が好きでした。ひきこもり中は、親が買ってきてくれる「週刊少年ジャンプ」で、今日が発売日の月曜なんだと認識していました。

外にもほとんど出ないし、体を動かすこともない。たまに、庭のバスケットゴールにボールを投げるくらい。気付けば体重は20キロ増えていました。

幸い、家族とは仲が良かった。ある日、オムライスを作ってみたんです。玉ネギ、ニンジン、具材を細かく切って。自分が作ったものを、「おいしいよ」と反応してもらえることがうれしかった。

それからは料理と漫画を描くことが増えました。自分を取り戻すには、自信をつけることが

島谷武徳さん

近道だと思うんです。振り返ってみて、料理と漫画があって良かったと感じています。

それでも会いにくる男子部

——ひきこもり始めて数年がたった。10代の後半になった頃から男子部員が家を訪れるようになった。親が対応して会わないことが多かったが、それでも何年にもわたって、いろいろな人が来てくれた。

島谷さん　「せっかく来てくれたんだから、あいさつだけでもしたら」「こっちは頼んでないし、迷惑だ」。部屋の奥で親子げんかが勃発《ぼっぱつ》していて、玄関先の男子部の方々は困惑したでしょう（苦笑）。

でも、不思議なんですよね。それでも、定

期的に会いに来てくれるんですよ。うちの家は山の中にあって、来るのも不便なのに、よくやるよなとは思っていました。

——ひきこもりの生活に変化が訪れたのは、当時の男子部の部長と出会った頃だった。彼は島谷さんと年も近く、優しい人だった。一方的に話をしてくることはせず、むしろ、見守ってくれるような雰囲気。言葉をゆっくりと引き出してくれるような感覚を覚えた。

島谷さん　といっても、最初の頃は自分から話すことはなくて、話を聞いて相づちを打つのがやっと。何年も自分のことを話してこなかったので、どうやってコミュニケーションを取ればいいのか分からなかったんです。

相手の目を見ることもできない。何回か会ううちに、描きためていた漫画を見せたことがありました。そうしたら、「すごいなあ」って言ってくれて。そのうち、漫画のことだけでなく、自分のことを話すようになっていきました。

ある日、部長は自らの信仰体験を語ってくれました。聞けば、20代でがんになり、またいつ再発してもおかしくない。でも、「信心が生きる力をくれた」と。確信がこもった言葉だったので、〝この人は信頼できるし、その信頼を裏切ってはいけない〟と思うようになりました。

「法華《ほっけ》を識《し》る者は世法《せほう》を得《う》べきか」

――当時の部長は術後３年目で、実は心身共に体調がきつくなることが多かった。正直、日常でも気持ちが折れそうになることもあった。それでも何とか、島谷さんの元に通い続けた。１年ほどたった頃、島谷さんが玄関先に出てきてくれた。体調が悪いのを忘れるくらいうれしかった。逆に、励まされた。その感謝の思いを島谷さんに伝えた。

島谷さん　ひきこもっている時は、「自分には何の価値もない」と思い込んでいます。だけど、実はそんなことはない。人と関わっていないから分からないだけなんです。部長に「僕も島谷さんに励まされているんだ」と言われて、励ましって一方通行ではなくて、〝人と人との関係なんだ！〟って思って。それは結構、感動的な気付きでした。

僕の場合は、男子部の方々の関わりがきっかけで外に出られるようになった。その後、漫画好きの同世代の男子部メンバーと意気投合《いきとうごう》して、会合に行くのが楽しくなりました。

先輩や仲間が信用できたので、その人たちが求める仏法や人生の師匠と定める池田先生についてもすぐに関心が湧きました。

「天晴《てんは》れぬれば地明《ちあき》らかなり。法華《ほっけ》を識《し》る者《もの》は世法《せほう》を得《う》べきか」（新１４６・全２５４）

「世法を得べき」――妙法を信じ、行ずることによって、現実社会の事象の本質を見極められるようになるという意味です。社会から距離を取り、諦《あきら》めていた自分にとって、息を吹き返すような思いになれた、大好きな御文です。

池田先生は自身の行動で、この御文を証明してこられました。聖教新聞を通して先生の姿を見ると、「自分の可能性を信じていいのかな」と思えてきました。

そして、自分を信じられるようになるから、他者も信じられるようになる。そうした輪を広げていくのが広宣流布だと今では思えるし、そこにワクワクできる自分になれました。

10年ひきこもった後輩が社会復帰

――島谷さんは、次第にひきこもりで悩む人のためになりたいと思うようになった。10年近く、ひきこもりを続けている男子部員がいた。真夏だろうが、部屋を締め切って冷房もつけず、部屋で倒れていたこともあったという。彼の母は悩んでいた。「何とかしなければと焦っていました。けれど、島谷さんは違いました」

島谷さん　私の母は、私がひきこもりから抜け出した数年後、がんで亡くなりました。ずっと私のことを祈り、題目のすごさを、身をもって教えてくれました。

「鳥獣戯画」の絵付けをする島谷さん

「常に子どもを信じて待ち続ける」なんて、なかなかできることではありません。家族が焦ってしまうのは無理もないこと。けれど、ひきこもりという状態をあまり固定的には見ない方がいい。

心は常に変化しています。〝誰にも会いたくない、何も話を聞きたくない〟と思っている時もあれば、〝このままじゃまずい。何とかしなくちゃ〟と考えている時もあります。自分がそうでした。

だから、反応がなかったとしても、言葉はかけ続けていくことが大切だと思います。ドアの向こうで何の反応もなかったとしても、家族まで同じように沈黙する必要はない。メモや手紙だけでやりとりを終わらせず、声もかけた方がいいと思います。

自分はとにかく、相手の目線に立つことだ

けを考えて接してきました。まずは相手の状況を知るために、趣味や関心事について。折を見て自分の体験も語りました。信頼関係を築いてからは早かったです。そのメンバーは社会復帰を果たし、現在、数年がたっています。

人生は楽しんでいい

――ひと昔前は、ひきこもりというと「怠惰《たいだ》」や「楽をしている」イメージがあったかもしれない。

しかし、島谷さんの父・啓介さん（73）＝副本部長＝は、ひきこもりを「もがきながら精進《しょうじん》している状態」と捉えているという。「じっとしているようで何かを考えている。動いていないようで心は動き続けている。だから求めていたものに出合った瞬間、パッと花が開くんです」

島谷さん　今は、父と二人で陶芸の工房にこもっています。私は、絵付けを専門にしていて、うちの窯元《かまもと》の独自の作品として、平安時代の国宝である「鳥獣戯画《ちょうじゅうぎが》」を描いています。最近はインターネットでの販売にも力を入れ、海外からも注文が入るようになってきました。

家で漫画を描き続けていたことが今、役に立っているんです。陶芸家としては、まだまだこれからですが、失敗を恐れず、楽しんでやっていきたいと思っています。

ひきこもっている時は、「ひきこもり」＝「自分は人生を楽しんではいけない」と考えがちなんですよね。

だから、ひきこもりから「脱するかどうか」ばかりに目が向きがちなんですが、そうなると、より生きづらくなる。それよりも、「どうやったら生きやすくなるか」に目を向けた方がいい気がします。

ひきこもっている今だって人生を楽しんでいいんだし、やりたいことをやってもいい。そっちの方が、結果的にひきこもりの生活を終えることにつながると思います。

何なら、私は今も山の中の工房で、じっと座って絵付けをしている。ひきこもりの時に夢中になった漫画を描いていた延長のような感じです。でも、昔と違い、今は自分を信じられるようになりました。

INTERVIEW

「アウトリーチ」でひきこもり支援
——肯定から始まる「価値観のチャンネル合わせ」

20年にわたり、ひきこもりなど、困難を抱える子どもや若者に向き合い続けてきた、認定NPO法人スチューデント・サポート・フェイス代表理事の谷口仁史さんに話を聞きました。訪問支援という「アウトリーチ」に力を入れる谷口さんが考える支援の在り方とは——。

谷口仁史
たにぐち・ひとし
認定NPO法人
スチューデント・サポート・フェイス代表理事

1976年、佐賀県生まれ。佐賀大学卒業後、大学教授ら有志を募り「NPO法人スチューデント・サポート・フェイス」を立ち上げ、現在に至る。若者支援に関する実績から、政府系委員など多数の公職を務める。「子ども若者育成・子育て支援功労者表彰」で内閣総理大臣表彰を受賞。

動画が見られます

■「つなげる」でいい

――ひきこもりで悩んでいる時は、「出口の見えないトンネル」の中にいるようでつらいもの。周囲としては、〝何とか力になりたいけれど、どうしたらいいのか〟という葛藤《かっとう》もあるかと思います。周りの人たちは何ができるでしょうか？

特に深刻化したり、長期化したりしている状況であれば、「つなげる」ということだと思います。当事者も家族も、さまざまな傷つきや日々の葛藤で疲弊《ひへい》して、窓口とつながること自体、困難になっていることも少なくありません。周囲の人が力を貸せる状況であれば、専門機関につないでほしいと思います。

ただ、むちゃな働きかけはしないように心がけたいものです。ひきこもり状態にあること自体、他人に知られたくないと思っている当事者も少なくありません。また、理解してくれるかどうか分からない状況で、自らの悩みを打ち明けることは、簡単なことではない。

まずは「気軽に声をかけてね」と、押しつけがましくないアプローチの中で、少しずつ関係性をつくっていくことだと思うんです。

ひきこもりをしている本人だって、当然、もともとは、社会とつながっていたわけです。その間、一生懸命努力して、けれど、不遇《ふぐう》な経験が重なり、もう誰とも関わりたくないといった心境に至った経緯がある。

それを考慮せずに、「こうすべきだ」みたいな話をしても、当事者にとってみればダメージでしかない。

支援する側も、精神的に苦しくなるような無理はしないことです。どうか自分だけで解決しようとはしないでくださいね。

■ひきこもり地域支援センター

――どこにつなげればいいでしょうか？

民間団体も含めると年々選択肢は増えていますが、全てが信頼できるとは限りません。まずは全国の都道府県や指定都市にある「ひきこもり地域支援センター」といった公的な窓口からつなげていく方法が良いと思います。

でも、センターのパンフレットを、ポンッと手渡しても、相手が困惑し、嫌な思いをさせてしまうこともありますので、配慮が必要です。

ひきこもりの本人は、世の中にレッテル張りをされているように思い、「ひきこもり」と言われたくない、ひとくくりにされたくない場合が多いですので。

まずは親御さんが窓口につながれるよう、こちらは情報提供を試《こころ》みてみる。それが難しそうであれば、どのようにつなげたらいいのか、事前にセンターへ相談してみるのもいいかもしれません。

■過去の苦い経験

――その他に、配慮すると良い点は？

そもそも当事者や家族は過去、何らかのひきこもり支援の窓口に相談していることが多いんです。ただ、「肌に合わなかった」「嫌な思いをした」など、ネガティブに感じる経験をしている場合があります。支援者に対して不信感や拒絶感を持っていることもあります。

支援する側は皆、「その人のために」と思って行動していると思います。けれども、自分の思いが前面に出てしまって、相手のニーズに合っていないことがある。一人一人、悩

み も 違いますし、環境も違います。もちろん、個性も違う。

支援のプロセスの中で傷ついた人はもう、待っていても助けることはなかなかできません。ですから、会いにいく支援であるアウトリーチ（訪問支援）が必要になるんです。

――創価学会の活動では、励ましの一環として「家庭訪問」を重視しています。アウトリーチで大切にすべき心構えなどがあれば教えてください。

まずは相手を否定しないことです。例えば、ひきこもり状態で、オンラインゲームに依存している人がいるとします。

親御さんの中には、心配で何とかゲームから引きはがそうとする人もいるでしょう。あるいは、状況が悪化するのを恐れて、何も言わず放任するしかないと、グッとこらえている人もいるかもしれない。

僕としては、大前提として、そうしたゲームに依存している状況を否定して始まる関係性はないと思っています。ですので、まずは、その人がのめり込んでいるものを我々も共有します。

オンラインゲームの特性上、24時間365日アクセスできるわけですから、だったら、いったん、そこに入ってみる。その世界で彼らがどんな立ち回りをしているのか。どういうことを目指しているのか。そういったところを共有していくと、だんだん彼らの目線が感覚的に理解できるようになります。

当事者にとって話しやすい関係性をつくることを、我々は「価値観のチャンネル合わせ」と呼んでいます。アウトリーチは、答えありきの支援ではなく、相手のニーズに寄り添いながら組み立てていく支援といえます。

■事前準備を徹底する

――話を聞いていると、「会ってからが勝負」というよりも事前の準備が重要になると感じました。

我々との出会いが相手にとってマイナスにならないこと、これをアウトリーチの前提にしなければなりません。今、何に困っているのか。例えば、次のようなことも事前に理解した上で、丁寧に本人から同意を得られるようアプローチしていきます。

〈事前情報の収集・分析〉
○一般的な相談情報（主訴、困り感など）
○ひきこもり状態に至る経緯
○生活実態（起床・就寝時間、習慣）
○障がいおよび精神疾患に関わる情報
○支援状況（支援を受けた経験やその後の反応・経過）
○回避事項（やってはいけないこと、避けるべき言動）
○好き嫌い、得意不得意、興味関心（こだわり等は具体的に）
○家族構成（本人と家族との関係性、対立構図）
○事前の働きかけや訪問支援に対する同意の有無

■救えなかった命

——昨日は徹夜で仕事をしていたと伺いました。谷口さんは、どうしてそこまでできるんでしょうか？

一つあげるとすれば、救えなかった命があるからだと思います。大学時代、覚せい剤に手を出してしまった友人を自殺で亡くしました。最後のＳＯＳを受け取っていたのに、救えなかったんです。その自殺の原因をつくった覚せい剤の売人を憎《にく》みました。当時付き合っていた彼女とも別れ、血眼《ちまなこ》になって探しました。数カ月後、やっとの思いで捕《つか》まえた売人を、あだとして憎み続けられたら少しは楽だったのかもしれません。しかし、その売人自身も子どもの頃から虐待《ぎゃくたい》を受け続け、ＤＶ（家庭内暴力）で母親は行方不明。周りの大人たちは見て見ぬふり。小学校から不登校気味で高校は中退。いろんな大人たちが関わっていながら、とばっちりを受けるのを恐れて問題を先送り……。〝誰か何とかできなかったのか！〟。そんな強い思いが頭を巡りました。

大学時代の家庭教師としての経験も影響を与えています。

そこで出会った子どもたちも、学校では非行生徒として厳しい指導の対象となっていました。しかし、継続的に訪問するうちに、貧困や虐待、保護者の精神疾患やＤＶ等が背景にあることが判明しました。

子どもたちが大人たちの無理解で孤立してしまう理不尽な現実。大学卒業後、子どもの頃からの夢だった教員の道を諦め、ＮＰＯを立ち上げました。今でもその頃の思いが自分を突き動かしているのだと思います。

■昨年の相談のやりとりは8万件超

――支援する側も苦労が大きいと思います。「この仕事、続かないかも」と思う時もありますか？

もう毎日のように感じていますよ。でも、この分野に飛び込んでみて、実際、出会う子たちは極限の状態に追い込まれているわけです。その一人を救うには相当な労力がかかりますし、リスクも当然、生じます。

昨年は相談のやりとりが8万件を超えました。膨大《ぼうだい》な相談を前に、ある意味、絶望的な気持ちになる時もあります。

そうした葛藤の中で挑戦して、20年がたったというような状況です。でも、それがなぜ続けられるかというと、やっぱり、私たちの思いを共有してくれる人たちとの出会いがあるからです。

世の中に矛盾《むじゅん》を感じ、「子どもたちのために」と立ち上がった人たちが声を上げてくれた。政策にも反映されるようになってきました。

今、こども家庭庁の議論でも、「アウトリーチ型支援への転換」が打ち出しされていま す。少しずつですが、社会は改善していける。そう信じて、日々、取り組んでいます。

体験

「自分が一番、自分を嫌いだった」という彼女が見つけた、唯一の〝楽しみ〟とは

中学2年の夏から、5年間のひきこもりを経験した女性がいる。一日中、テレビを見たり、インターネットを眺めたり。ただ、何をしていても、心はぴくりとも動かない。彼女は「自分が一番、自分のことを嫌いになっていた」と言う。

中山《なかやま》里《り》沙《さ》さん＝北海道紋別市、女性部員＝の当事者経験を聞いた。ひきこもり続ける中で、ある人との出会いをきっかけに、中山さんは唯一〝楽しみ〟に思えることを見つけた。

動画が見られます

「そんなこと言うわけないだろ」

携帯電話の連絡先を全て消した。

私が最後に登校したのは、中学2年の1学期の終業式。震えながら何とか教室に入った時、クラスメートに冷たく言われた。

「なんで来たの？」

もう誰も信じないって決めた――。

2005年、中学2年になった頃から、少しずつ教室で孤立していった。

「あいつが触《さわ》ったものは触れないよな」。後ろの席へプリントを渡しても、受け取ってくれない。それから〝無視〟が始まった。

朝になっても起き上がれない。制服を着ると足が動かなくなった。少しずつ学校に行けなくなって、あの終業式を境《さかい》に二度と登校できなくなった。

夏休みになっても、どこにいても、〝否定〟がつきまとう。

ある日、同級生からメールが来た。「大丈夫？」。その下に「↓」と書いてあって、画面をスクロールしていったら、「そんなこと言うわけないだろ」と書かれていた。

高校は市内に1校しかない。中学の同級生がいると思うと、進学なんて考えられなかった。

昼間にお母さんに誘われ、買い物について行っても、買い物客の笑い声が、私を笑っているように聞こえる。

外に出るのが怖くなって、家にひきこもった。それでも、外から登下校の生徒の声が聞こえてくると、ビクッと全身が固まる。自分で自分を否定し続けた。「全部、私が悪いんだ」って考えるようになった。

姉に通訳してもらって話した

一日中、テレビやネットを見続けた。

何をしても、楽しくなんかない。長すぎる一日一日の時間をつぶすだけ。心が動くということがなくなって、自分自身にすら興味が持てなくなっていた。

そんな生活が何年も続いた。

このまま何十年も、家にひきこもり続けるんだろうか。体は大人になっていくのに、中身は中学2年で止まったまま。

それに、同級生から言われた「死ね」という言葉が、頭のどこかにずっとあって、「私なんか、生きていちゃいけないんだ」って思いが消えなかった。

救いだったのは、家族からは決して否定されなかったこと。

中山里沙さん

もし家でも「ダメでしょ」なんて言われていたら、私は今ここにいないかもしれない。

母に言われて、料理や家事は手伝った。外に出なくていいように、ごみ出しだけは「やらなくていいよ」と言ってくれた。

その頃、8歳上の姉に会うために、創価学会の女子部（当時）の先輩が家によく来ていた。その先輩は、姉と話しながら「里沙ちゃんはいる？」って、いつも聞いてきた。

ずっと拒否していた。周りの善意は、全て偽善《ぎぜん》だと思っていた。「会いたくない」と突っぱねていれば、すぐに諦めるはず。でも、先輩は全然、諦めてくれなかった。

廊下の奥から、ちょっとだけ顔を見せた。「里沙ちゃん、会いたかったよ！」って喜ばれた。

正直、明るすぎて「この人とは合わない

な」と思った。でも、自分の存在を喜んでくれる人がいるなんて、びっくりした。

その先輩が来たら、徐々に玄関までは行くようになった。だけど、目の前にいるのに直接、会話はできなかった。横にいる姉に小声で言った言葉を、姉が通訳するような形で先輩に伝える。

それでも、先輩（麓恵美子《ふもとえみこ》さん＝副白ゆり長、当時の女子部部長）は、ずっと来続けた。

2年がたったある日、「一緒にドライブに行かない？」って誘われた。姉と3人で車に乗った。久しぶりに家族以外との外出。「この人は、信じられるかもしれない」。そう思い始めた。

人から感謝されたのは久しぶりだった

姉が結婚して家を出てからも、先輩はずっと来てくれた。そして、私を外に連れ出した。知り合いに会わないように、遠くへのドライブ。

先輩は、過去のことを聞き出そうとしないし、学会の会合に行こうとも言わなかった。ただ、好きなアーティストや趣味の話をした。いつからか、先輩と出かけるのが〝楽しみ〟になった。

それからは、家でテレビを見ていても「へえー、これは今度、麓さんに話そう」と、毎日、次のドライブで何を話すかと考えていた。そして、いつの間にか、いろんなものに興味を持てるようになっていた。

自然と女子部の会合に行ってみたくなって参加したけど、初めての時は、日本語を忘れちゃったみたいに、言葉が出てこなかった。いろんな人と会話することが、できなくなっていた。それでも、みんなに「来てくれて、ありがとう！」と言われた。「どうせ、私が物珍《ものめずら》しいから、話しかけてくるだけでしょ」と思っていたけれど、いつ行っても同じリアクションで迎えてくれた。そういえば、人から感謝されるのは、久しぶりだった。

その頃から、青春を取り戻すみたいに、女子部の先輩たちと泊まりがけでゲームしたり、カラオケに行ったり。ちょっとずつ、楽しいって感情が私の中に広がった。

会合で、みんなが「変わったきっかけは、信心したこと」と話していた。「じゃあ、私もみんなみたいになれるのかな？」って、御本尊に祈るようになった。

聖教新聞や池田先生の本を読み始めて、ゆっくり時間をかけて、会合の司会なんかもやるようになった。

いつしか、女子部だけは〝否定されない場所〟だと信じることができた。周りを信じられるようになっていくと、少しずつ自分のことも信じられるようになって、「私も生きていていいんだ」と思えた。

おじいちゃんが泣いてるのが見えた

学会活動には、読み、書き、話す場面がたくさんある。中身は中学2年で止まっていた私だったけど、女子部で活動する中で、少しずつできることが増えていった。

絵を描くのが好きだったことも思い出して、会合のチラシのイラストも描いた。役に立てて、喜んでもらえるのがうれしくて、女子部の白蓮《びゃくれん》グループにも入った。

そんな私をずっと見守っていた先輩がある時、「こんな仕事の募集があるよ」と教えてくれて、自然とやってみようと思えた。

初めて書く履歴書《りれきしょ》。初めて行く面接。以前だったら絶対に無理だった。でも、その時は書くことも話すことも、女子部でたくさんやってきた自信があった。

２０１５年、今も勤める会社に就職が決まった。

それから3年後、青年主張大会で私の体験を発表した。原稿の最後に、ずっと支えにしてきた、池田先生の指導を紹介した。

〈何が起こっても、それを楽しんでいく。前向きの方向へと受け止めていく。それが楽観主義であり、その究極が信仰である〉

中山さん（左）と麓さん

信心があったから、女子部の仲間がいたから、前を向けた。変えられない過去を見続けるより、これからの未来を楽しめる人になりたい。そんな思いを自分の言葉で参加者に伝えた。

聞きに来てくれた、うちのおじいちゃんが泣いてるのが見えた。

当事者の〝あなた〟と周りの人へ――

ひきこもっている時は、何か悪いことをしているような気分になりがち。でも、好きでひきこもっている人なんて、いないんじゃないかな。変わりたいと思いながら、変われない自分に絶望する。私も、そうだった。

だから、周りの人は、無理に外に連れ出そうとかしないでほしい。出たいと思っていても、出られない時もある。でも、本人が「出たい」と言ったら、笑顔で送り出してほしい。ひきこもっている、その人の気持ちを大事にしてほしい。

今、外に出られない人には、「自分を責めないでほしい」って伝えたい。

楽しいことを見つけるのは、難しいかもしれないけど、何かちょっとでも心が動くものがあるなら、それはきっと、あなたにとって大切なものだと思う。

ちょっとでも気分転換できる環境は見つけてほしい。散歩が無理でも、窓を開けて外の空気を吸うだけでもいい。私も、それ以上先には行けなかったけど、玄関の前で深呼吸するようにしていた。

ひきこもりは、決して悪いことじゃない。私は、過去の自分のことは、今でも否定せずに認めたいと思っている。それも私の一部だから。

女子部（当時）で部長になってからは、未来部員に会うこともあって。学校のことで悩んでいる子に、「私もそうだったんだよ」と話すことができた。

ひきこもっていたから、いろんなことを考えて、いろんなことを感じて、女子部の先輩に会えた。今こうして当時のことを明るく話せるようになってる。昔の私には想像もできないかもしれないけど、人生って意外と楽しい！

先輩が見た中山さん――麓さんへのインタビュー

――先輩として関わる中で、麓さんは何を考えていたのでしょうか。

麓さん　お姉ちゃんに会いに行く中で、里沙ちゃんのことを知って。

訪問していくうちに「仲良くなれたらいいな」って。何か一つでも楽しいって思えることがないかなと。

私は、高校を中退して15歳から働きました。私のところにも女子部の先輩が来るようになったけど、最初はすごく反抗的な態度だったと思います。

会合で何か一言話してほしいと言われても、無言で通したり、「きれいな格好で来てね」と言われた時にジャージーで行ってみたり（笑）。

だから、里沙ちゃんは「あの頃は、私はうつむいたまま、話もできなくて」と言うけど、「大丈夫。私の方が、よっぽど態度は悪かったよ」って。

ドライブに行くようになって、里沙ちゃんが絵を描くのが好きって知ったから、きれいな景色のところがいいかなって、高台の方にも行ってみた。

最初、里沙ちゃんは「女子部は真面目で優等生っぽい人が多い」ってイメージを持っていたみたいだけど、おもしろい人もいるし、私も楽しい場所をつくりたいなと思ってやっていました。

学会では、よく「目の前の一人を大切に」って言うじゃないですか。私にとっての〝目の前の一人〟が里沙ちゃんでした。

私は、池田先生の「世界平和」についての指導に感動して、学会活動に参加するようになったんです。自分が関わっている、目の前の人が幸せだなって感じてくれたら、それが世界平和の第一歩になるのかなって。

嫌なことがあると、現実逃避したくなるじゃないですか。その時に、一緒に題目をあげる、一緒に会合に行く、一緒にじっくり話し合う。そんなふうになれたらなと思ってきました。

ずっと里沙ちゃんを見守ってきて、「今なら働くことも大丈夫かも」って思った瞬間があって、仕事の募集の話を伝えました。あくまで決めるのは本人だけど、そういう選択肢もあるよっていうことは見せてあげてもいいかなって。

里沙ちゃんと一緒にやってきて、遊びもおもしろいことも大事だけど、やっぱり学会活動ってすごいんだなと、私の方が教わった気がします。

里沙ちゃん本人がちょっとでも幸せだなと思えるように。そんな里沙ちゃんの笑顔が、何よりうれしいんです。

INTERVIEW

ひきこもりは「生きるための手段」——〝生きていていいんだ〟と思えるためのサポートを

林恭子
はやし・きょうこ
一般社団法人ひきこもりUX会議代表理事

高校2年生で不登校になり、30代半ばまで断続的にひきこもって過ごす。2012年から当事者活動を始め、現在は一般社団法人ひきこもりUX会議代表理事を務める。著書に『ひきこもりの真実——就労より自立より大切なこと』（ちくま新書）など。

今回は、全国各地で女性の当事者が参加できる「ひきこもりUX女子会」を開いてきた、一般社団法人ひきこもりUX会議代表理事の林恭子さんに話を聞きました。林さん自身も10代での不登校、その後、断続的に30代までひきこもりを経験した当事者です。

動画が見られます

■「地上の世界」と「地下の世界」の違い

——かつては、ひきこもりというと「男性」というイメージを持たれることが多かったようですが、ひきこもりUX会議の調査で、実態は異なることが分かっているようですね。

私自身も30代半ばまで、ひきこもりを経験した当事者です。不登校などの調査では、男女比は半分ずつくらいなのに、ひきこもりの調査では、男性が6割、7割といった数字になる。「女性が少ない」っていうのは、ちょっとどうなのかなと、もともと思っていたんです。

これまでの行政の調査では、「家事手伝い」や「主婦」は、ひきこもりから除かれていました。当事者の方も、ひきこもりとは書きづらくて、「家事手伝い」にチェックを入れるという人も、多くいらっしゃったのではないかと思います。

——林さんは「ひきこもりUX女子会」を開くなど、女性のひきこもりにも焦点を当ててこられました。

もしかしたら、女性のひきこもり当事者が、安心して出ていける場所がないんじゃないか。そう考えて２０１６年に、試しに女性だけのひきこもりの当事者会をやってみようと企画しました。

すると、予想以上に多くの方が来られて、中には飛行機や新幹線を使って来た人もいました。この６年間で、参加者は約５０００人になりました。

私は、ひきこもりを次のように捉えています。

いわゆる「普通」に暮らしている人は、「地上の世界」にいる。ひきこもりの状態は、「地下の世界」に生き埋めにされているようなもの。

「怠けている」「甘えている」「せめて朝は起きよう」――私自身も当時、そんな言葉をかけられましたが、それは全て地上の世界の言葉で、意味のないものに感じられました。

私は16歳から36歳まで、昼夜逆転の生活を送っていましたが、「どうせ起きられないのだから、明日の朝も起きなくていい」と思ったことは一度もありません。毎日、「明日こそ起きよう」と思い続けながら、それでも起きられませんでした。

■「こんな状態なのは、世界で私一人だけだ」

――同じ状況を経験している人同士だからこそ、当事者で集まることに、大きな意味があるんですね。

当事者になると、「こんなバカなことをしているのは、世界で自分一人だけだ」と思ってしまいます。

かつて私自身も、そう感じていましたが、初めて当事者会に参加した時、「ひとりじゃなかったんだ」と思えました。自分以外にも、同じように悩んでいる人がいるということを知った衝撃は、とても大きかったです。その時の思いが、今の私の活動にもつながっています。

――ひきこもりUX女子会では、「予約は不要」「非交流スペース」といった、細かな工夫もされています。

「予約する」という行為は、当事者にとって、大きなハードルです。

それに、いざ参加しても、会話の輪に入ることが難しい時もあります。会場では、「非交流スペース」というのを作り、テーブルと椅子を置いています。帰ったり、外に出るほどではないけれど、ちょっと疲れた、休憩したいという時に、同じ部屋にいながら、みんなの様子は分かるようにとの思いからです。

予約してもらわないと、主催者としては何人来るか分からないという不安はあると思います。けれど、それだとやっぱり「主催者がやりやすい」仕組みになっているような気がするんですね。

いつも私たちは、「最大の利益は当事者に」を大切にしています。たとえ主催する側としては不都合があっても、それが当事者や参加する人にとってメリットになるのであれば、そちらを優先するという発想です。

■必要なのは「幸せになるための支援」

――これまで、行政などのひきこもり支援には、どのようなものがあったのでしょうか。

20年余りにわたって、ひきこもり支援は、ほとんどが「就労」や「自立」をゴールにしたものでした。けれど、それは家族や支援者の側が設定しているゴールになっていて、当事者のニーズと合っていない部分もあったのではないかなと。

もちろん、当事者のほとんどは就労したいし、自立したいと思っているわけですが、それでも、最初から示されるゴールとしては、あまりにも遠くて高い目標なんです。

「こんなダメな自分は生きていてはいけない」と感じている段階で、「就労を目指しましょう」と言われても、いきなり100段や1000段の階段を目の前に突き付けられるようなものです。

それだと一旦は就労できたとしても、なかなか長続きしないということにつながってしまいます。

就労よりも、もっと手前で、粉々《こなごな》になってしまった自己肯定感を取り戻すことが求められていると感じます。私たちの調査でも、ほとんどの方が「自分が嫌い」など、自分を否定していることが分かりました。人それぞれの状況の中で、「生きづらさ」を抱えていると感じます。

――まずは、どんな支援が求められているんでしょうか？

私は、本当に必要な支援は、「幸せになるための支援」だと思います。まずは「生きていていい」と思えて、安心して自分らしくいられる居場所や関係性を見つけること。それがないと、「何かやってみようかな」というモチベーションも湧きません。

支援者の方には、当事者と「向き合う」のではなく、横に並んで「肩を並べる」ことを意識していただきたいと思っています。

「向き合う」(Face to Face) だと、どうしても「支援する側」と「される側」に分かれてしまう。

そうではなくて、「肩を並べる」(Shoulder to Shoulder) ことで、当事者が望む未来を一緒に見てほしいんです。

当事者のニーズはあまりに多様で、一人の人、一つの窓口、一つの団体だけで、解決することはできません。

よい支援者とは、どれだけ「つながり先」を持っているかだと思います。当事者の話を聞いて、「この人には、あのサポートが合いそうだ」と、民間・行政を問わず、さまざまな「つながり先」の選択肢を示せる人かなと。

■「親には親の人生を生きてほしい」

――それでも、誰かに会って話すこと自体が、つらい時もあると思います。

最初の一歩は、ハードルをどれだけ低くできるかが重要だと感じています。その意味でも、当事者会や講演会といったスタイルのイベントは、有効だと考えています。

講演会であれば、遅れてきて、一番後ろの席に座って、途中で帰ることもできるわけです。「相談」などと違って、誰とも話さなくてもいい。

観衆のうちの一人として参加できるということは、ハードルが低く感じられることかなと思います。

そして、その会場に、主催した団体や自治体がやっているサポートのパンフレットなどを置いておく。そこで情報に接触することができれば、「今は行けないけど、来年になったら行けるかも」と思えるかもしれない。

こうした参加の仕方ができるイベントは、実はとても大事だと考えています。必ずしも相談や交流を発生させなくても、その場にいるだけでもいいという「場」をつくる。そこに来るだけで、他の情報にも接することができるような形が増えていったらいいなと思います。

――ひきこもりは、当事者本人だけでなく、親も深く悩んでいることが多いと感じます。当事者の親へのアドバイスはありますか？

「親を支える」ことも、とても重要です。そこでも、一番いいのは「家族会」だと思っています。同じ悩みを共有できる人同士だと、やっぱり話が通じ合えるので。当事者の家族の方には、ぜひ家族会につながっていただきたいです。

親が、当事者である子どものことだけを見て、グーッと悩んでいると、心配されている本人はつらく感じるものです。

当事者の多くの方が、「親には親の人生を生きてほしい」と言います。親御さんも家族会に行くなどして、少しでも自分の気持ちを軽く、明るくしていただきたい。

できれば、親の側は「自分は自分の人生をある程度、楽しんでいこう」と切り替えた方が、結果としてはいいんじゃないかなと。親が元気にしていれば、家庭の雰囲気も変わりますし、それは子どもにも良い影響を与えるはずです。

■ひきこもりは「生きるための手段」

――この章（105ページ）では、北海道の女性の当事者体験を紹介しました。そこでは、創価学会の女子部（当時）の先輩が訪問し続ける中で、少しずつ心を通わせて、やがて一緒にドライブに行くことが唯一の楽しみになったと語られていました。

すばらしいアウトリーチ（訪問支援）ですね。

私は、ひきこもりは「生きるための手段」であり、「生きるための撤退《てったい》」だと考えています。

何よりも本人自身が、「このままじゃいけない」と、自分を徹底的に「否定」してきていることが多い。だから、そこで周りから、さらに否定されたら、本当に追い詰められてしまいます。

当事者にとって、小さな「最初の一歩」が何になるかは人それぞれです。ひきこもり女子会に参加した人の中でも、電車に乗る練習から始めた人もいれば、女子会を知ってから2年たって初めて参加できたという人もいます。

――この連載にも、読者の方から「ひきこもり」という呼び方を変えた方がいいのではないかという感想もありました。

私たちの団体は、「ひきこもりUX会議」という名称です。この名前を決める時も、「ひきこもり」という言葉を入れるかどうか、みんなで議論しました。たくさん話し合って、私たちはあえてこの名称にすることで、ひきこもりのイメージを変えたいと考えました。

名称の「UX」はユニーク・エクスペリエンス、つまり「固有の体験」という意味です。当事者一人一人の固有の体験。それは、必ずしもネガティブなものばかりではない。その体験こそが他の誰かを救うかもしれないし、あなたにしか持ち得ない財産なんだと。

もちろん、「そんなふうに思えない」「そう思うにはあまりにもつらすぎる」という状況もあると思います。それでも、その体験を生かせる場や機会は、これからきっと出てくるだろうし、ネガティブなだけだと捉えないでほしいと思います。

――当事者が「固有の体験」を、ネガティブなだけではないと捉えるために、周りの人

ができることはありますか？

ポジティブな感情につながる声かけは、大切だと思います。「説教」「説得」「無理解」ではなく「安心感」「理解された」「楽しい・うれしい」と当事者が感じられるような働きかけです。

例えば、NGワードとしては、「○○さんは就職したんだって」「△△さんは結婚したよ」など、同世代と比べることです。また、「これからどうするの？」などと、プレッシャーをかけるような内容もよくないと思います。

OKワードとしては、社会的に話題になっていることについての話や、本人の好きなことや趣味などについての話です。また、たとえ会話がなかったとしても、日常のあいさつは続けてほしいと思います。

ひきこもり状態は、「ガソリンの入っていない車のようなもの」とも思います。その状態で車を動かそうと、外から働きかけてもダメですよね。車にガソリンがいるように、人もまずはエネルギーをためることが必要です。

そのエネルギーとは、当事者にとってポジティブな出来事や声かけであり、安心感や共感などの積み重ねです。

一滴ずつしかたまらない、とても時間のかかることですが、これが何とかいっぱいまでたまった時、「生きてみよう」と前に進み出せるのではないかと思います。

体験

中高年のひきこもり

——36年かけて積み上げた生き方を変えた〝主夫〟のストーリー

ひきこもりは長期化することも多く、中高年世代にも増えているという。内閣府の調査（２０１８年度）では、40歳から64歳までのひきこもり状態にある人は、61万３０００人と推計されている。大《おお》石《いし》敏《とし》郎《ろう》さん（72）＝鹿児島市、支部長（地区部長兼任）＝の当事者経験を聞いた。教員として多忙を極めていた58歳の時、ひきこもり状態に。１年間の病休と休職を経て、早期退職。その後、大石さんは「36年かけて積み上げてきた〝生き方〟を変えた」という。

明日やればいいことを、今日やっておく

ついに、疲れ果ててしまった。

教員としての勤務校での仕事の他に、県中学校教育研究会の英語部会の事務局長を16年間にわたって務め続けていた。ひきこもり状態になったのは、そんな58歳の時だった――。

当時は、「明日やればいいことを、今日やっておく。常に、1カ月後や半年後にやることを手元に引き寄せて、バランスを取って仕事をしていました」。

英語科教師としての授業やクラス担任以外にも、教務主任、進路指導主任など、多くの責任を担ってきた。それに加えて、教育研究会では、問題集の作成や英語暗唱大会の運営、高円宮《たかまどのみや》杯英語弁論大会の県予選の運営など、山のような業務を抱え続けた。

さらに2008年には、全都道府県が交代で開催する英語研究会の全国大会が、地元・鹿児島県で開かれることに。

50年に1度の大仕事。準備に丸2年を費やした。

その頃、父が脳出血で倒れ、長期間の入院に。仕事の合間を縫って、300回も病院へ見舞いに行った。父が亡くなった後、今度は母が病気で倒れ、「二重三重に、いろんなことが重なって……」。

午前1時に寝て、午前5時半には起きる生活。土日も教育研究会の仕事で休めなかった。栄養ドリンクが手放せず、昼休みは職員室で少しでも仮眠を取らないと、体力がもたない状況。帰宅後も、早めに寝ようとすればするほど、仕事が気にかかって眠れない。やっと寝付いても、午前3時頃に目が覚めて、あれこれ考えているうちに夜が明ける。

最初は「ただの疲れだろう」と思っていたが、朝晩の通勤時に、強烈な眠気に襲われるように。ついに、気力も体力もなくなった。

「何十年も、このスタイルで仕事を追いかけるようにやってきたのに、情熱が尽きてしまったのか……。一日中、だるくて、眠くて、何もやる気が出なくなって」

家にいても聞こえてくるチャイムの音

09年3月から半年間の病休、さらに半年の休職を取って、仕事を休んだ。家から一歩も出られず、ひきこもり状態に。

「とにかく人に会いたくなくて、あの頃は、外に出るのが一番、嫌でした」

病院では抑うつ状態と診断された。

最初はひたすら眠ってばかりいた。

けれど、家にいても、自宅近くの小・中学校からチャイムの音や子どもたちの声が聞こえて

大石敏郎さん

くる。「『ああ、学校はもうすぐ昼休みか』とか、とにかく気になって。気持ちが休まりませんでした」

病休を取ってから最初の3カ月間は、代理の教員もいないため、心苦しかった。同僚が交代で、自分が抜けた穴を埋めて授業をしてくれている――〝迷惑をかけてしまった〟という考えが、頭の中をぐるぐる巡る。自分を責めずには、いられなかった。

同僚の中には、「散歩でもして、少しでもリフレッシュを」と言ってくれた人もいたが、「人に会ってしまうのが嫌で……」。

妻・明子《あきこ》さん（65）＝支部女性部長＝に誘われて、買い物に付き合った日に限って、研究会の同僚教師とばったり。「研究会の人は勤務校も違って、私の状況を知りませんから。『あ、大石先生！』って呼び止められて」

自宅の窓際《まどぎわ》から、駐車場に止めたままの車をながめては、近隣の人たちにどう思われているのかが気になる。「どこにいても、負けたような気がしていた」

家事をやってみたら「心が落ち着くのを感じた」

そんな負い目があったからか、何もしないのも落ち着かなくなり、ある日〝家事《かじ》〟をしてみた。

洗濯、食器洗い、台所やトイレの掃除、風呂《ふろ》洗い――。児童クラブの仕事や民生委員として飛び回る妻の代わりに、朝から家事に取り組んだ。「家がきれいになっていくと、心が落ち着くのを感じました」

夢中になって、気付けば8時間以上も家事をしていた。

明子さんからは「わあ、こんなにきれいになって。ありがとう！」と感謝された。

大石さんは「家で〝やること〟ができて、それが喜んでもらえるのは、私にとって大きかった」と。

当時は「聖教新聞に救われました」と言う。

目に留《と》まったのは、燃え尽き症候群で大学医学部を離職した壮年部員の信仰体験。コピーして、何度も読み返した。

そんなある日、壮年部の先輩が訪ねてきてくれた。教職に全てを捧《ささ》げて生きてきたこと。それなのに、責任を果たせなかったという苦しい思いがあること。先輩は、じっくり話を聞いて、こう言ってくれた。

「もう十分にやってきたじゃないですか。大石さん、もういいんですよ」

涙が止まらなかった。当時59歳、定年退職まで1年を残していたが、「自分の中で踏ん切りがついて」、10年3月に退職した。

59歳で退職して〝主夫〟になりました

退職すると、「すっと、力が抜けました」。家まで聞こえてくるチャイムの音も、自然と気にならなくなった。

朝食を終えたら、妻を仕事に送り出し、食器洗いと掃除に取りかかる。「〝主夫〟としての家事は、不思議と続けられました」

もう一つ、大きく変わったのは、「〝制約〟がなくなったことです」。

5分刻みのスケジュールで仕事をし続けてきた数十年間。「仕事に没頭《ぼっとう》してきましたが、本当は趣味の時間とか、のんびりする時間が、もっと必要だったのかもしれません」

それからは「久しぶりに〝自分の信心の時間〟をつくれました」と。午前中に1時間の唱題をしてから、じっくり聖教新聞を読む。勤行も「一文字一文字、丁寧に読んで。仕事が忙しかった頃は、いつも〝超特急〟の勤行になっちゃっていましたから」。

以前から、自宅を学会の会場に提供していたが、当時は、会合になると別室にこもって、終わるのをじっと待っていた。

救いだったのは、明子さんが静かに見守ってくれたこと。日常生活や学会活動など、決して無理強《じ》いすることはなかった。

「あそこで、つつかれていたら、私も反発して、自分を良い方向へ持っていこうって気持ちをなくしていたかもしれません」

家からほとんど出られなくなって2年。そんな日々が続くうちに、少しずつ学会の会合に参加することも増えていった。

洗いざらい話すことは、プラスになった

時間をかけて、少しずつ買い物に出かけたり、人と会ったりするようになっていった。けれど正直、複雑な思いは残り続けた。「途中で辞めて、悔しい。負けたんじゃないかって」

ある日の座談会で、泣きながら、その思いを話した。「いきなり泣き出したので、みんなキョトンとしていました（笑）。けれど、洗いざらい話すということは、自分にとってプラスに

大石さん（右）と妻・明子さん

なったと思います」

自分で決めた〝信心の時間〟と〝家事〟を、毎日こつこつ続けた。

「自分で自分を忙しくしない。教師生活36年をかけて積み上げてきたスタイルの〝逆〟をやろうと思って、少しずつ生き方を変えました」

教員時代は、行事ごとに反省会を開き、「悪かった点」をひたすら考えて、改善に取り組んできた。もちろん必要な仕事ではあったが、どこかで無理に自分にストレスをかけ続けていたのだと感じた。

「減点方式というか、日常生活でも改善点ばかりを考えてしまって。長年かけて染みついた考え方ですから、変えるのには5年くらいかかったかな」

ひきこもりは、元気になるための〝しょうがない時間〟だった

地道な信心を続けて、２０１４年に地区部長になり、20年からは支部長として、地域の同志と一緒に学会活動に打ち込んでいる。

「バリバリやっているってほどではないですよ。よーく動いてくださるのは、やっぱり女性部の皆さんです（笑）。けれど、学会活動には、感動があるんですよ。普段はあまり話さない壮年部の方が、座談会で語ってくれたり、ご友人の方が一生懸命、任用試験の勉強をしてくださったり。本当にうれしいですよね」

明子さんとは、「いつも朝に話すんです。『今が一番、幸せだね』って」。退職後、こつこつ続けてきた唱題は、もうすぐ１５００万遍になる。

ゆっくり時間をかけて、生活スタイルは変わっていった。ずっと抱いてきた、途中で辞めた悔しさにも変化があった。

「悔しさが消えたわけではありません。でも、ひきこもっていた期間は、自分が元気になっていくための、しょうがない時間、必要な時間だったのかなって」

妻が見た大石さん――明子さんへのインタビュー

――妻として寄り添う中で、何を考えていたのか。取材の終わり際に帰宅した明子さんに、インタビューしました。

明子さん　あら、取材は終わったの？　この人（大石さん）の話は真面目で、つまらなかったでしょ（笑）。私が盛り上げておかないとね！

（大石さんは、「いつもこんな感じです」と苦笑い）

昔から、夫は「石橋をたたくだけたたいて、渡らない人」。私はそれを見て「突き飛ばす人」（笑）。

私も、もともと教員をやっていて、今は民生委員と児童クラブの仕事をしています。学会の女性部の活動もあるから、大忙し。朝の勤行を終えたら、ピャーッて飛んで行きます。今は、「奥さま」じゃなくて「外《そと》さま」なのよ（笑）。

こんな調子だから、夫が仕事に行けなくなって、最初はどうしたものかと思いました。でも、学会は「言ったもの勝ち」だから、女性部の先輩に相談して、話を聞いてもらって。それで、私が追い詰めちゃいけないんだって、教えてもらった。

もともと夫は、何をやるにしても、徹底してキチッとやる人なんです。最初に家事をやり始めた時も「お父さん、そんなに丁寧にやっていたら、いつまでたっても終わらないよ」って言ったくらい。


(大石さんは、「実は最初の頃は、家事をやったら『ありがとう!』って言ってくれていたんですけど、最近は何だか〝当たり前〟になって、何も言ってくれないような気がします(笑)」と)


夫は釣りが好きなんです。退職して元気になってきた頃に、天草《あまくさ》(熊本県)に一緒に旅行に行きました。

宿泊先の部屋のカーテンを開けたら、オーシャンビューで。目の前に、海がバーッと広がっていました。夫が感嘆して、「はあー、お母さん、ありがとう」って。後で「海が癒やしてくれた」と言っていましたね。

ゆったりと、そういう時間を過ごすことも大切なんじゃないですかね。

ひきこもっていた期間もあったけど、それまでの根詰めて自分を追い込みすぎる考え方が変わっていって、今となっては良かったんじゃないかなと思います。まあ、今でも、夫は家でしゃべっていると、たまに〝職員会議〟みたいになるし、会合の話も長いしね……（笑）。

私たちは、とにかく学会の方々に支えていただきました。忘れもしない、座談会でいきなり、この人が泣き出して、それを見て、私だけが泣いていて。

学会には、いろんな方がいて、一緒に活動して、全てを受け止めてくれます。壮年部としてやってくる中で、夫の中で変わってきたものもあると思います。今じゃ、立派な黄金柱！　頑張ってくださいよ、支部長！　アッハッハ。

（明子さんの話を、大石さんは終始、苦笑いで聞いていました）

INTERVIEW

〈聴く〉ことは、自身の〈生〉を支えてくれる

石川良子
いしかわ・りょうこ
立教大学教授
1977年、神奈川生まれ。松山大学教授を経て、現職。専攻は社会学・ライフストーリー研究。主な著書に『「ひきこもり」から考える――〈聴く〉から始める支援論』（ちくま新書）などがある。

20年にわたり、ひきこもりを研究する立教大学の石川良子教授に話を聞きました。支援する側の物差しを押しつけることなく、「聴くこと」から当事者の「動けなさ」や「語れなさ」に分け入ることができるのではないかと、石川さんは語っています。

動画が見られます

■「ままならなさと格闘する」ということ

――20年、研究を続けてきた立場から見た、ひきこもりとは何でしょうか？

家族以外の対人関係が、長期間なくなっている状態というのが一般的な定義ですが、私は、「生きることを巡って葛藤している」ありさまそのものが、「ひきこもり」だと思います。「ままならなさとの格闘《かくとう》」という捉え方になりました。

でも、生きるということは、そもそもそういうことではないでしょうか。私たちの誰もがそうやって生きている。そうなると、「ひきこもり」という看板はいらなくなります。当事者は特別な人たちではない。「生きることとの格闘」を、ものすごく劇的《げきてき》にやっている人たちなのだと思います。

――その本質は？

生きることや自分の存在に対する〝揺らぎ〟です。ひきこもっていることを白眼視《はくがんし》され、なぜ、ひきこもってしまうのか自分でも分からない。長く身動きが取れない中で深い混乱に陥《おちい》り、生きることに何の意味があるのか、生きていてよい存在なのかを問い始める。自問自答を繰り返し、それでも、なお生きようともがき続ける。こうした葛藤が「ひきこもり」の本質だと、私は考えます。

——具体的にはどんな状態なのでしょう?

「生きることを巡る葛藤」としか言いようがなくて。本当は、ひきこもらざるを得ないような苦しみとか悩みとか、人それぞれの核になる、その人自身の葛藤があると思うんです。そこには本人以外の誰も触れられない。というか触れてはいけない。自分自身で折り合いをつけていくしかないもので、第三者が「こう生きた方がいい」と外から決めるものではない。

そこを「ひきこもっていることは悪いことだ」と責められると、もともとの苦しみに、周りから傷つけられる苦しみがどんどん分厚く重なって、核となる葛藤に届かない。

■「あなたがおかしい」ではなく「なぜ、私は理解できないのだろう」と考える

――苦しみが厚くならないようにしたいですね。

本当に必要な支援とは、「本人が、きちんと葛藤に向き合えるようにする」こと。だから、それを妨《さまた》げている〝「ひきこもり」は良くない〟〝生きている価値がない〟という、周りや当事者自身の価値観を変えていくことが一番の支援だと思っています。

何より大事なのは自分を振り返ることです。私自身、自分の当たり前から見ると、（当事者の）言っていることが分からないということがよくありました。でも、「分からないことを言っている、あなたがおかしい」ではなくて、「なぜ私は理解できないのかな？」「分かることを邪魔しているものは何だろう？」というふうに、相手のことが分からない自分自身と向き合うように努めてきました。

――「ひきこもり」の当事者との接し方で心がけていることはありますか？

相手に〝納得〟することではないでしょうか？　受け入れるとか、共感するとか、寄り添うとかいいますが、納得すればおのずと共感が付いてくる気がします。共感は、心の動きなのでコントロールできません。

当初は私も共感ありきだったので、振り回されました。共感しなきゃいけないけれど、しきれない。もどかしい。だいぶ悩みましたが、こうなったら共感しきれず苛立《いらだ》ってしまう自分自身に向き合ってみようと思いました。

そうしたら、私のイライラは、当事者のことが分からないからなんだな、ということに気がついた。たとえば、「働きたい」と言いながらも動けない（動かない）、なぜなんだ……。

そこでいったん共感を諦めて、もう一度、一から話を聞こうと思い直しました。すると、聴こえてくる話が、変わってきた。そして、当事者は生きることと向き合いすぎているために動けなくなっているのではないか、という見方に辿《たど》り着くことができたんです。

だから、納得を先に目指した方がいい。納得は論理なので、こちらの気持ちを動かさなくていい。納得するためには、ひたすら聴くこと。それは、なんで分からないのかという、自分自身の前提を見直していくということでもあります。

■肯定や否定の「ジャッジ（判断）」を捨てて「聴く」こと

――とても大事な視点ですね。

向き合うのではなく、同じ高さで隣にいるようなフラットな関係を目指したいですね。肩書で見たり、特別視したりせず、「この人はどんな人かな」と、ただ見ていく。相手に興味を持つこと。

それは、肯定《こうてい》や否定を抜きに「聴く」ことでもあります。私たちは、ジャッジ（判断）しがちですよね。「認めてあげよう」というのも違う。他人が認めようが認めまいが、当事者たちは現に生きているわけですから、「認める」というのもジャッジしていることになるのではないか。また、「あなたのために」とよく言いますが、実は「私のため」なのかもしれないという自己点検が大切だと思います。

あと、いきなり問題の核心に迫ろうとしない方がいいかもしれません。まずは相手の好きなことを聴いていく、とか。相手にリラックスしてもらうためでもありますが、それ以上に、自分の中に相手への興味・関心を芽生《めば》えさせる助けになると思うんです。相手も

「この人はどういう人なんだろう？　話しても大丈夫かな？」とこちらを探《さぐ》っていますしね。

（「ひきこもり」の当事者や不登校の子どもなどの受け皿となっている）フリースペースには、たいていUNOやジェンガといったゲームが置かれていますよね。いきなり「しゃべりましょう」は、すごく緊張する。ゲームをやっていると、それを介《かい》して何となく連帯感が生まれ、お互いの存在に慣れていきます。

そういうメディア（媒体《ばいたい》）の役割を果たすものは、それぞれの関係性で違うんでしょうね。どちらにしても、同じことに関心を持つって大事ですよね。

■フラットな関わり方が社会に広がっていけば

――その上で、支援する側が押さえておくべきことはありますか？

5つ挙げられると思います。

①当事者の頭を飛び越えて支援する側が先回りしない。選択肢を提示することは必要だが、選択は当事者に任せる。

②「社会経験」は不足していたとしても、生きてきた年数分の経験が積み重ねられていることに目を向け、敬意《けいい》を払《はら》う。

③自分自身の物差《ものさ》しを押しつけないように気を付けるとともに、自分がどういう物差しを持っているのか点検を怠《おこた》らない。

④意見を言ったり、励ましたりする前に、相手の言葉をまずはそのまま受け止めて、この人はどうして自分にこんなことを言うのか考える。これは何でも受け入れるのではなく、相手とすりあわせていくこと。

⑤誰もがさまざまな事情を抱え、無数のままならなさに囲まれながら生きているという意味では「同じ」であることを認識すること。相手の上に立とうとしたり、変にへりくだったりすることなく、配慮はしても遠慮はしないで率直に話をするように努める。

子どもが、ひきこもっていることを、家族が隠していることもあります。ご家族なりの気持ちもあるでしょうけど、自分がいないことにされてしまうってすごくつらいと思います。ひどいことだと思います。

また、ご家族が訪問を求めることもありますが、本人の意向を無視して踏み込んではいけません。ただ、会うことはできなくても「あなたに会いたいと思っている人がここにいるよ」、つまり「あなたを、いないことにはしないよ」ということは、伝えたいですね。「放っておいてくれ」と言っても、自分に関心を持ってくれている人がいる、ということは、きっとその人の力になるはずです。

――「ひきこもり」の当事者だけでなく、フラットな関わり方が広がっていけば、社会全体も変わっていくように思います。

いろんな人が、もっと呼吸しやすくなるだろうなって思います。

どんな相手に対しても、「何かあるんだろうな」と思って接していく。皆、何かしら、持っている。それをすぐ見せてくれる人もいれば、見えない人も、隠す人もいる。

周りからすれば、分からない、めちゃくちゃなことでも、よくよく話を聴いてみると、本人の中ではちゃんと筋が通っている。そのことに気がついたら、どんな人の話も面白くなってきました。あなたの筋はどこにあるんですかって、探っていくのが楽しいんです。

――ひきこもりに関わったからこそ、学んだことは何ですか？

私は、いろんな話を聴くことに喜びを感じています。それは、突き詰めていけば相手を支えるためではありません。

その人にしか語れない経験を聴くと、苦しさや痛みを含めて生きることの味わいを感じることができ、この世の中も捨てたものではないと思える瞬間があるからです。

どんなに苦しくても生き抜こうとしている姿に触れると、私自身もへこたれずに生き抜いていこうと感じられるからです。

どんな話も私にとっては「いい話」で、語ってくれたことに感謝するばかりです。聴くことは、語った人の〈生〉を支える行為ですが、実は私自身の〈生〉を支えてくれるのだと思います。

第3章

発達障がい

体験

3人の子の発達障がい

——涙や笑顔が「生きる勇気」につながった

２０１５年（平成27年）に再婚した、池田佐和子《さわこ》さん（46）＝札幌市北区、地区副女性部長＝と猛《たけし》さん（49）＝前進勝利長（ブロック長）。二人には、それぞれ子どもがいた。猛さんの長男・凜太郎《りんたろう》さん（19）＝男子部員＝と、佐和子さんの長女・美優《みゆ》さん＝高校２年。そして５年前に、碧《あおい》君（５）が生まれた。

３人のわが子には、それぞれＡＳＤ（自閉スペクトラム症）、ＡＤＨＤ（注意欠如・多動症）といった、発達障がいがある――。

動画が見られます

〝なんで、気付かなかったのか……〟

離婚を経て、看護師として働きながら、長女・美優さんを育ててきた佐和子さん。

娘の異変に気付いたのは、２０１１年（平成23年）。小学校に入学してすぐだった。教師から「トイレに閉じこもって出てこない」と聞かされた。

感覚が過敏《かびん》で、外から聞こえる音が気になり、教室に居られない。授業では、なぜか自分だけ教科書の違うページを開いてしまう。友達とのコミュニケーションもうまく取れず、「学校に行きたくない」と言われた。

病院を巡って発達検査を受けると、「支援学級にした方がいい」と。振り返れば、美優さんは家や保育園では、いつも一人で黙って、同じおもちゃで遊び続けていた。

〝なんで、気付かなかったのか……〟。病院からの帰り道は、涙が止まらなかった。

この時は支援学級には移らず、教員に迎えに来てもらい、登校する日々。

佐和子さんは、育て方が悪かったのかと自分を責め、登校をしぶる娘を厳しく叱《しか》りつけた。

娘も泣き、母も泣いていた。

３年後、美優さんは、アスペルガー症候群（現在はＡＳＤ〈自閉スペクトラム症〉と呼ばれる）とＡＤＨＤ（注意欠如・多動症）があると診断された。

佐和子さんは「複雑な心境。ショックなのと、原因が見つかって〝そうだったんだ〟って思う気持ちと」。

それからは「何が、どこまでが障がいなのかと、医師を質問攻めにして。片《かた》っ端《ぱし》から専門書も読みあさった」。

少しずつ考え方が変わっていく。

「無理に学校に行かせるんじゃなくて、娘が、かわいがってもらって、幸せに過ごせる環境に居させてあげたいって」

時間はかかったが、「全てを『それがこの子なんだ』って思えた時、本人のペースを大事にしようって決めました」。

小学4年の11月、支援学級に通うことにした。当初は拒否していた美優さんも、自分に合わせて進めてくれる授業や、クラスメートとの関わりに慣れていった。

その頃、同じ団地に住む壮年部員の猛さんと出会った。

猛さんも一人で、長男・凜太郎さんを育てていた。互いの苦労を知る中でひかれ合い、結婚。碧君を授かった。

その後、凜太郎さんと碧君にも、ADHDと知的障がいがあることが分かった。3人のわが子の発達障がいを、佐和子さんは「全く違って、三人三様」と言う。

「そりゃあ、『大変だった』しか出てこないですよ。でも……」。そう言って、聖教新聞の切り

左から長男・凜太郎さん、長女・美優さん、佐和子さん、次男・碧くん、夫・猛さん

抜きで、パンパンに膨らんだファイルを見せてくれた。

「祈って祈って、先生の指導を読んで読んで。倒れる暇もなく、信心だけを抱き締めて走ってきました」

佐和子さんは言う。

「私にとっては、３人それぞれの個性。どこまでが障がいか、バシッと線引きなんてできない。多面体《ためんたい》みたいに、いろんな個性があって、それがグラデーションで広がっている。これって、どんな人も同じ。誰かが決めた〝普通〟に押し込めなくていいし、そもそも全ての人に当てはまる〝普通〟なんてないですもんね」

凜太郎さんは高校を卒業し、就労移行支援を受けながら、パソコンのスキルを習得中。

美優さんは特別支援学校で寮生活を送り、

週末に帰宅すると家事を手伝う。

碧君は走り回って、笑いこけて。それだけで家族が笑顔になる。

かつて、池田先生はつづった。

〈他者の尊厳を自己の尊厳と同様にかけがえのないものと感じ、大切にしたいと願う思いがあってこそ、初めてギアが入る。そして、そこで交わされる涙や笑顔が、そのまま、「生きる勇気」を灯《とも》し合うのです〉

佐和子さんは、3人のわが子の魅力をしっかりと見つめる。

「今でも『えっ、こんな一面もあるんだ!』って、〝発見〟があるから面白い。障がいがあっても、それが生きる上で障壁にならないような、そんな社会になってほしい」

看護師の経験を生かして、療育《りょういく》に携わりたい。新たな夢も見つかって、佐和子さんは来年から保育園で働く予定だ。

INTERVIEW

子どもの発達障がい――全員を特別扱いします。子どもたちに同じ景色を見せたいので

坂井聡
さかい・さとし
香川大学教授
付属特別支援学校校長

1962年、京都生まれの奈良育ち。現職のほか、同大学バリアフリー支援室室長も兼務。香川大学教育学部付属坂出小学校校長、付属幼稚園園長などを歴任。言語聴覚士、公認心理師。2018年IAUDアワード（国際デザイン賞）金賞など受賞多数。著書に『知的障害や発達障害のある人とのコミュニケーションのトリセツ』など。

「子どもの発達障がい」をテーマに、香川大学教育学部教授で、取材当時、同大学付属坂出小学校校長と付属幼稚園園長を務めていた（現在は同大学付属特別支援学校校長）坂井聡さんに話を聞きました。

動画が見られます

■「ボタンのとめ方」でなく「服の選び方」を

――わが家には、4月から小学1年生になる子がいます。かなりの偏食《へんしょく》なので、小学校の給食でなく、弁当を持たせようと思っています。かんしゃくを起こしたり、こだわりも強かったり。家だとおむつになる時もあり、親としては周囲と比べて焦る時があります。

ご家庭ごとに悩みや苦労は違いますよね。

発達障がいは、生まれつきみられる脳の働き方の違いによって、幼児のうちから行動面や情緒《じょうちょ》面に特徴がある状態です。そのため、親御さんが育児の悩みを抱えたり、お子さんが生きづらさを感じたりすることがあります。

ただ、そんなに焦らなくても大丈夫ですよ。発達障がいは治す必要はありません、その人の気質ですから。うちの小学校（取材当時、坂井さんは香川大学教育学部付属坂出小学校校長）は先生方に「気質っていう言葉を使ってください」と言ってるんです。持って生まれた、その人の性質なので、「その子の気質に応じて、どういうふうに教えていこうか」と先生たちは工夫しています。

外ではお手洗いにちゃんと行けるのだったら、家ではできない場合があったとしても、そのうち家でも面倒くさくなっておむつでなくトイレに行って用《よう》を足すようになりますから。

――そういうものですかね。

そういうものです。本人が「自分でこうできるようになりたい」と思う時が絶対にくると思うので、こっちから強制的に「もう紙パンツなんて恥ずかしいよ」とか言わなくていいんです。その代わり、「紙パンツは持ったままでいいから、一緒にトイレに行ってみない？」と聞くのはありです。

――子どもの主体性に目を向けよう、ということでしょうか。

例えば、子どもたちが自分で服を着る練習をする時のことを考えてみてください。もし、「ボタンがとめられない」となったら、「ボタンをつまむ練習をしましょう」と教え、「服の前後が分からない」なら「タグを見て確認できるようにしよう」とやると思います。このような訓練を否定しませんが、私の考えはちょっと違います。

そういったことよりも、「この服が着たい」と選べるようにすることの方が大事だと思うんです。だって、着たい服があったら、必死になって着ようとしますよ。

何か興味関心があることを先に考えていく。いわゆる、ＱＯＬ（生活の質）を高めることを先に考えた方がいい。ＡＤＬ（日常生活動作）は後からついてきますから。

僕は、子どもがね、将来、今のことを振り返った時に「僕、あの時つらかったんや」って言ってもらいたくないんですよ。「僕、生まれてきてよかったわあ」って言ってもらいたい。

だから、「〝今〟生きてることが楽しいと思えているかどうか」に集中したいんです。先が読めない「未来」にばかり目を向けていると不安になりますが、「今」に目を向けると、いろんな知恵が湧いてきます。

例えば、うちの小学校ではデジタル教科書で授業を始めているんですが、「読みにくい。勉強したくない」という子もいます。「これからのデジタル時代についていけないのでは」なんて考えなくていい。紙の方がいいなら紙で読めばいいし、「イヤホンで聞いて本の内容にアクセスしたい」と言えば、「どうぞ」と勧めればいい。

■〝暗く陰気でおとなしく〟でもオッケー

——今、目の前にいる子どもにフィットするものを認められるようになると、学校はもっと学びやすいところになりますね。

こんなこともありました。ある時、「私は明るくできん」という児童から相談がありました。

よく学校の校訓で「明るく強く元気よく」とあるんですが、そんなことを言われても、できない時がある、と。そりゃあ、「元気にやれよ」と言われたって、元気が出ない時もありますよね。

でも、その子は、真面目やから、先生や上級生から、「おはよう」って言われると、一生懸命、元気を装《よそお》ってあいさつを返していました。気持ちが追いつかなくなったんでしょう。ある日の帰り道、日が沈む西の空を眺《なが》めていると、「自分も消えてなくなりたくなった」と言うんです。僕は「無理して元気であろうとしなくていい、あいさつせんでもおじぎでも何でもオッケーやで」って伝えました。

学校には、障がいのある子もいれば、病気の子、ヤングケアラーの子もいるし、性的マイノリティーの子もいる。外国に籍がある子もいます。子どもにもそれぞれ事情があって、疲れている時もあるわけです。

土日の休みの後、月火水ぐらいは元気にいられるけど、木金は疲れてできない。だったら、週の後半は「明るく強く元気よく」でなくて、「暗く陰気《いんき》でおとなしく」でも大丈夫よと話しました。

——そうした配慮によって、安心する子もいる。こちらの想像力が試される気がします。

うちの学校は、子どもたちに同じ景色が見えるように「台」を用意しています（別掲）。入学の際、保護者にも、先生方にも、そして子どもたちにも、「困っている子がいたら特別扱いする学校です」と伝えているんです。

■社会は歩み寄る必要がない？

——そうした学校生活では、すくすく育っていけるかもしれませんが、「社会はそんな

EQUITY（エクイティ）＝公正。壁の向こうでサッカーの試合が行われている。小さな子どもにも見えるようにするには、「台」が必要になる。坂井さんは、それぞれの子に適した「台」を用意できる学校を目指す。「それが合理的配慮です」

に甘くないぞ」という意見もあると思います。

それは、甘やかすんじゃなくて、その子どもたちが、大きく育っていったらね、「それって社会がおかしいよな」と言うようになりますよ。社会に子どもを合わすんじゃなくて、苦しんでいる同級生の○○ちゃんに思いをはせる人たちが増えたらいい。

私が養護学校（現・特別支援学校）の教員を始めた頃から40年がたって、「あなたはあなたでいい『はず』」と言われる社会にはなったと思います。そして、これからは「あなたはあなたでいい『よね！』」という未来に向かっていく。そのための教育であり、学校でありたいです。

「社会が歩み寄る」というフレーズを聞くようになりましたが、これね、社会は歩み寄る必要はないんですよ。だって、もう社会の中に、既にみんないるんですから。社会の中にいる人に対して、社会が歩み寄るって変じゃないですか。だから、「社会は甘くない」という言い方自体もおかしな表現なんです。

「社会もまんざら悪くないよ」という人もいるかもしれません。悪くないよっていうのは、受け入れられている場面ではそうなんですよ。

でも、排除されている家庭とか、悩んでて、一生懸命、訓練したりする家庭があるという事実を社会は知っているんですかと伝えたい。同じように生まれてきて、なんでその子たちだけが、社会に適用するための訓練をしなければならないのか。ちゃんと配慮する社会に変わっていくことを望みますね。

■障がいは経験するもの

――坂井さんにとって「障がい」とはなんでしょうか？

ＩＣＦ（国際生活機能分類）にもある通り、障がいは経験するものなんですよ。

例えば突然、言葉の通じない国で飛行機から降ろされたら、もう言語障がいです。コンタクトレンズを落としたことで、車が運転できないという状態は視覚障がいを、アキレス腱《けん》を切ったことで、身体障がいを経験するんです。

だから、今、障がいがある子っていうのは、環境が整《ととの》っていないからだと考えることができる。すると、環境を整えることが、障がいをなくすことだと気付けます。

書字（文字を書くこと）に障がいがある子が、本当は自分の思いを書きたいんだけど、字で書けない。じゃあ、パソコンを使って書いたらどうなるかといったら、書ける子がいるんです。

親や周囲の大人は、「子どもが参加したり、活動したりできるようになるためには、どんな環境があったらいいんだろう」という視点で考えていくといいわけです。学校の先生にも良き理解者になってもらいましょう。あとは、どんと構えて、「大丈夫、行っておいで！」って送り出したらいいと思います。

■坂井教授に聞いてみました。記者たちの子育ての悩み！

〈ここからは、ご興味のある方は、お付き合いください。記者たちにも、子育ての悩みは

尽きません。取材の中で坂井教授が話してくれたワンポイントアドバイスを、Q&A形式でご紹介します〉

――6歳の娘の「かんしゃく」についてです。組み立て式の人形で遊んでいて、いつもは立つはずの人形が立たないことがありました。そうしたら、「なんで立たないんだ！」と言って娘が暴《あば》れだしたんです。その後も似たようなことがいっぱいあるのですが、そんな時は「あ！　そういえば今、面白いテレビやってるよ」と言って、注意をそらそうとしていています。どう思われますか。

なるほど、僕だったら例えば、紙粘土《かみねんど》で台座《だいざ》を作っておいて、その台の上に人形を立たせたら、必ず立てるような環境をつくっておきますね。

記者さんの試みも、子どもに通用する部分はあるんです。例えば、子どもの目の前に、バッと画用紙なんかをかざして注意をそらす。その間におもちゃ自体を隠してしまうというようなことは、従来、特別支援教育の分野でも一つの方法として知られています。

ただ、今のご質問の場合、子どもにおもちゃが見えている状態で「テレビもやってるよ」と言うのは、本人が納得するまでに少し時間がかかる可能性があります。むしろ、人形が転ばないようにすることを考えて、「ほら、この前一緒に作った、こけない台があるやん。この台に乗せたらこけんよー」とか言うと、かんしゃくの原因を取り除けるわけです。

そして、娘さんがもうちょっと大きくなってきて、「お父さん、私いつもイライラすんねんけど、そういう時どうしたらええの？」と聞いてきたら、「気分転換っていうてな」と言って、「あなたの場合は、おもちゃを見えんようにして、テレビつけたり、好きな音楽かけたりしたら、うれしい気持ちになるかもよ」と伝えてあげてみてほしい。

自分の感情が分かるようになって、言語にできるようになったら、伝えればいいのではないでしょうか。

――６歳の息子がいます。私が出張に出て、夜に家にいないと、情緒が不安定で暴れだします。「明日の○時には帰ってくるからね」「どこどこに行ってくるよ」と細かく説明してから出発するのですが、少しでも本人が安定する方法は、あるでしょうか。

お父さんが出張に行くと、かんしゃくを起こすというのは、〝居るべき人が居ない〟という思いが引き金になっているかもしれないし、〝どこに行ったのか分からなくなっちゃった〟ということもあり得るんですよね。

僕がお父さん、お母さん方にお伝えするのは、ホワイトボードなどに「家の絵」と「会社の絵」と「保育園（や幼稚園）の絵」を書いておいて、「〇〇ちゃんは今日、保育園に行きます。お父さんは会社に行きます。お母さんは家にいます」と言って、居場所の確認ボードを見せるということですね。

また、お父さんが出張する場合は、カレンダーに印を付けて、「この日とこの日とこの日に出張に行って、この日にお父さん帰ってきます」と見せる。

子どもはね、自分の置かれた状況を分かりたいと思っています。それで、大人は言葉で伝えるわけやけど、言葉で分かったら、かんしゃくは起こさない。お父さんは一生懸命伝えたつもりになっているけれど、子どもは理解できておらず、「どうしてお父さんは帰ってこないの！」と、家で暴れる事態になる。

そのギャップを埋めないといけないですよね。やはり、言葉って消えてなくなっちゃうので、絵やカレンダーといった視覚的な情報を見せることで、子どもの安心が生まれやすくなると思います。

――息子は、この4月から小学生ですが、人とのかかわりが苦手で、幼稚園へは行き渋《しぶ》

りがあり、たまに行っても、親が一緒でないと教室に入れません。大きな音や声が苦手といった特徴もあります。就学予定の小学校にも、あらかじめ状況を伝えようと思うのですが、どのように伝えるのがよいでしょうか。

自治体では、幼稚園などでの成長・発達の様子や必要な支援について記入する「就学支援シート」を用意し、子どもの小学校生活や学習内容を検討する際に活用しています。また、こうした書式がなくても、お子さんを知ってもらうように、書面をつくるなどすると円滑《えんかつ》にコミュニケーションが図れると思います。

その際に僕が大切だと思うのは、親御さんの見た子どもの姿に加えて、「子どもの言葉で書く」ということ。「これとこれは食べるのが嫌いだから、残し方を教えてください」とか、「大きな音が嫌いです」とかさ。それこそ、記者さんは聞くのが仕事だから、お子さんを取材するつもりで聞いてあげて、どうしたら楽しいかを見つけてみたらええんやないかな。

――頭では分かっていても、子育てには気力と体力が必要なことを感じています。妻とも協力して行っているつもりですが、それでも、お母さんの大変さは甚大《じんだい》だと思います。

パートナーと励まし合いながら子育てしていくための工夫など、ありますか。

夫婦の働き方やお父さんの子育てへの関わり方も、以前に比べて変わってきましたけど、まだまだ、お母さんの苦労は多いと思います。

だからね、子どもに寄り添えたとか、寛容《かんよう》になれたとか、何か一つでいいからできた日には、カレンダーにシールを1個貼る。それが30枚たまったら、パートナーへ指輪をプレゼントするとか、どうでしょう。そしたら、その指輪を見た時に〝子どものおかげで買えた指輪やな〟って思えるやん。

何が言いたいかというと、子育てってやっぱり、ご褒美《ほうび》がいると思うんです。自分の子どものことになったら、多くの親御さんが、ものすごく一生懸命に取り組まれている。それなのに、僕のところに相談に来られた親御さんに「自分にご褒美ありますか？」って聞いたら、みんな「無い」って言う。

自分で自分に、またパートナーに、ぜひ、ご褒美をあげてください。

体験

大人の発達障がい

——僕の〝普通〟は進化し続ける

発達障がいは「見えにくく、分かりにくい障がい」ともいわれる。
福家《ふけ》雄一《ゆういち》さん（31）＝岡山市北区、男子地区リーダー＝は、自閉スペクトラム症（ＡＳＤ）と診断された。

周りからだけでなく、自分自身でも特性が理解しづらい。コミュニケーションが苦手で、周りの〝普通〟に合わせられない――生きづらさにぶつかりながら、福家さんは28歳の時、初めて就職活動をしようと決めた。

動画が見られます

校庭で一人だけうずくまった

世界は〝分からない〟ことであふれていた。

幼い頃は感覚過敏で、小さな音でも夜中に目を覚ました。３歳になっても発話がままならず、母・伸子《のぶこ》さん（56）＝区副総合女性部長＝と病院へ。だが、何も診断されなかった。

小学校の運動会では、ラジオ体操で皆が陣形《じんけい》に広がる時、一人だけその場でうずくまった。コミュニケーションがうまく取れず、カッとなっては手が出てしまう。人の気持ちを理解し、自分の考えを伝えることが難しかった。

小学5年の時、再び病院へ。今度は、高機能広汎性《こうはんせい》発達障がい（現在は「自閉スペクトラム症」と呼ばれる）と診断された。

中学に進んでも、級友と関わるのは苦手。けれど、吹奏楽の部活動だけは「全てを忘れて熱中できた」。実は、幼い頃にリトミック（音楽教育の手法）で楽しそうにするのを見て、母がピアノ教室にも通わせてくれていた。

高校は音楽科に進学。音楽を通して友達もできた。校舎の中庭で開くコンサートでは皆で合唱し、「一生、高校が続けばいいと思った」。

つんつるてんのスーツと号泣のハンバーグ

２００９年（平成21年）、高校を卒業し、岡山から東京の音楽大学へ。母は音大進学を喜びつつも、「本当に心配だったみたいで……」。

引っ越しの最後、母は部屋中に洗濯ネットの使い方、戸締まりを忘れないことなどの〝張り紙〟を。「本当に助かって、４年間ずっと張ったままにした」

初めての1人暮らしは〝事件〟の連続。

「スーツはクリーニングが必要なんて知らないから」、洗濯してアイロンをかけ、つんつるてんに。これには母、爆笑。

ある時は「こんなの作りました」と、自炊したハンバーグの写真をメールした。不意《ふい》をつかれた母、号泣。父や弟に見せては、何日も写真をながめていたらしい。

ドタバタを経て大学は卒業したが、就職先は決まっていなかった。

母に勧められ、音楽の教員免許は取っていたが、教師になれるとは思わなかった。一方、企業就職も「僕には無理だと決め付けていた」。初対面の人に受け答えする面接ができるとは思えず、就職活動はしなかった。

岡山に戻り、勧められたアルバイトを転々とした。親に言われて公務員試験も受けたが不合

両親と談笑する福家さん（中央）

格。仕事に就こうとするたびに壁にぶつかった。

「『分かっていて当然』『なんでこんなことも知らないの？』と言われるのが、一番のプレッシャー」

〝分かりにくい障がい〟は、大人になってからの方が、求められる〝普通〟とのギャップに苦しくなった。

〝他人の中で一番話せる〟人たち

その頃、創価学会の男子部の先輩に誘われ、学会活動に参加するように。

「先輩は何でも聞いてくれた。実は教員や公務員は嫌だったとか、家族には話せないことも言えた。男子部の仲間は〝他人の中で一番話せる〟人たちでした」

唱題や折伏に励み、創価班大学校（当時）にも入った。自ら車の運転免許も取得し、創価班の任務では、先輩に質問して任務でやることをイメージしてメモを取った。やがて、他の創価班メンバーとコミュニケーションを取りながら、同時に複数の作業にも目が向くように。

そんな姿を見て、母は「それまでは、周りの〝普通〟にどうにか追い付かせてあげたいと思っていた。でも、自分で決めたことをやり抜くのを見て、この子なりのやり方があるんだと気付いた。今は、〝心配だから言いたい〟をグッとこらえて、〝信じるからこそ見守る〟時なのかもって」。

100%自分で決めた意思と〝それぞれの時間〟

28歳の時、真剣に就職活動をしようと決めた。男子部の先輩が話す、仕事での挑戦や転職の奮闘を聞く中で、「自分もこの輪に入りたいって」。

2019年、29歳の時に就労移行支援を受けた。履歴書の書き方、電話の応対、仕事の進め方など、「一番苦手だったビジネスマナー」を学んだ。それまで〝分からない〟と避けてきたことも、何でも質問し、丁寧に教われば対処できることが分かっていく。

20年4月、障がい者雇用枠でパート社員として就職。

「一番良かったのは、今回は勧められてやったんじゃなくて、100%自分で決めた意思だったこと。『こうしなさい』って言われてやるのと、自分で『これをやろう』って決めるのでは、大違いでした」

自ら決めたことは、こだわってやり抜くことができると気付いた。日常業務の中で多くの基準をクリアし、21年９月に正社員になった。

母は言う。「『人生１００年時代』なんて言われるんだから、何歳で就職しなきゃとか、他の人に合わせられなくてもいい。一人一人の成長に〝それぞれの時間〟があるんだって思うようになりました」

昼休みの日課

池田先生はつづっている。

〈妙法は「万人成仏《ばんにんじょうぶつ》」の教えです。稲に早稲《わせ》や晩稲《おくて》があり、成熟する時期は違っても必ず実るように、妙法に育《はぐく》まれた人は、必ず豊かな人生の実りを得ることができるのです。さまざまな違いの姿があったとしても、それぞれのかけがえのない豊かな可能性を尊重して、守り育むのが、法華経《ほけきょう》が教える智慧《ちえ》なのです〉

福家さんは毎日、仕事の昼休みに聖教新聞を熟読《じゅくどく》する。「池田先生の記事や体験談、インタビューを読んで、考える力が身に付きました」

仕事から帰ると、すぐに勤行唱題をするのが日課。「自分のこともそうだし、両親がたくさん書いているご祈念項目《きねんこうもく》もあるから、それを祈っています」

家族で夕飯を囲むと、その日の聖教新聞について話す。気になる記事は切り抜いて、友人に渡して対話する。

21年には、高校時代の同級生と一緒に、地域のイベントでアカペラを披露するなど、音楽活動も続けている。

人に寄り添い、自分の思いを伝える——気付けば、かつて苦手だったことも、今なら自分らしくできるようになっている。

「キリがないので、自分の発達障がいがどうとか、あまり考えていません。でも、昔と比べると、今の自分は大きく変わった。こうやって、自分にとっての〝普通〟を進化させ続けていきたい」

今は、仕事の資格取得を目指している。新たな自分の進化は、これからも続く。

INTERVIEW

「発達障がい」グレーゾーン――あなたの〝生きづらさ〟ってどこから？

医療機関を受診後、発達障がいの「グレーゾーン」と判定される人もいます。生活上の困りごとは変わらずに存在するのに、「グレーゾーン」と言われると、「自己責任でお願いします」と言われているようにも思えます。精神科医の岡田尊司さんに、「グレーゾーン」との向き合い方について聞きました。

岡田尊司
おかだ・たかし
精神科医
１９６０年、香川県生まれ。精神科医、作家。医学博士。東京大学文学部哲学科中退。京都大学医学部卒。京都大学大学院医学研究科修了。長年、京都医療少年院に勤務した後、岡田クリニックを開業。現在、岡田クリニック院長。日本心理教育センター顧問。パーソナリティー障がい、発達障がい治療の最前線に立ち、現代人の心の問題に向かい合っている。著書に『発達障害「グレーゾーン」その正しい理解と克服法』（ＳＢクリエイティブ）などがある。

■こんなに悩んでいるのは過剰反応なのか

――「発達障がい」という言葉が広く認知されるようになり、「自分や家族が発達障がいかもしれない」と感じて、受診や相談するケースが増えています。

家庭や職場などの対人関係がうまくいかない。さまざまなことで、責められたり、ののしられたり、否定的な評価を受けることが多くて苦しい。そうした生きづらさや困りごとを長年抱えてきた方々が、「発達障がいに原因があるのではないか」と感じて診察にやってくる場合が非常に多いです。

きちんとした診断を行うには、丁寧な問診《もんしん》と診察、発達検査が必要になります。発達障がいの場合、通常、幼少期から12歳までの間に、ある程度、顕著《けんちょ》な問題が見られていることが診断する上での条件になります。

同時に現在の症状ももちろん必要です。診断基準で決められた症状がきちんと存在するかどうか。例えば、三つの症状が当てはまらないと診断できない「障がい」がある場合、二つや一つだけでは、能力間のばらつき、〝発達の凸凹〟があるとはいえますが、障がいとはいえず、グレーゾーンの判定になります。

「グレーゾーン」と言われると、〝自分がこんなに悩んでいるのは過剰《かじょう》反応なのか〟と戸《と》惑《まど》ってしまう方もいます。長年、味わってきた苦しみを、軽くあしらわれたような気持ちにもなり、すっきりするどころか、モヤモヤがかえって深まってしまうこともあります。

では、グレーゾーンは、障がいに比べれば軽いものと考えればいいのかといえば、そんなことは全くありません。逆に、グレーゾーンの人は、障がいレベルの人と比べて、生きづらさが弱まるどころか、時には、より深刻な困難を抱えていることも多いのです。

――それはなぜでしょうか？

グレーゾーンの方は、ある部分では能力の高いケースも多々あり、その人にかかる期待も大きくなります。

それだけでなく、グレーゾーンは単なる「障がい未満」の状態ではなく、心の傷など、性質の異なる困難を抱えていることが少なくありません。そういった場合は、発達障がいの知識だけでは不十分で、特別な治療アプローチやサポートが必要になってきます。

ですから、グレーゾーンの場合は、診断名以上に、それぞれの人のベースにある特性をきちんと把握することが大切になります。

■親子に効く「愛着アプローチ」

――生きづらさを抱えたグレーゾーンの方の事例を教えてください。

発達の凸凹があるけれども、全体の能力は高く、発達障がいとまでは診断できない、中学1年の女の子がいました。

発達障がいの観点から見れば、「様子を見ましょう」と医者から言われることが多いレベルなのですが、その子は、自傷《じしょう》行為があり、学校も行けなくなっているような状況でした。

親御さんに会って話を聞くと、親御さん自身はすごく勉強を頑張った人で、大学卒業後は銀行に勤め、それなりの生活を手に入れたという自負がありました。

ところが、自分の子は、ある時期までは頑張っていたのに、学校にさえ行かなくなってしまった。リストカットをしたり、記憶が飛ぶなどの解離性《かいりせい》症状が出たり、あるいは幻聴まで聞こえてきたりしていて、もうこれ以上は手に負えないと困り果てていました。正直なところ、自分の子どもとして受け入れられないし、愛情が湧かなくなっているとも言っていました。

私は、発達障がいを含め、さまざまな疾患《しっかん》や障がいにおいて、「愛着《あいちゃく》アプローチ」の有効性を提唱し、実践しています。

その親子についても愛着アプローチを行いました。だんだん落ち着いて、今はもう、その子は高校生になっていますが、診察する必要がなくなり、お母さんだけをサポートしているというような状況です。

■「家族関係に必ず関わってくるテーマです」

――愛着とは、学術的にどのように定義されるのでしょうか。


「愛着」について理解されるようになったのは、半世紀ほど前のことです。

イギリスの精神科医ジョン・ボウルビィが、養育者と幼い子どもの結びつきを「愛着」と呼び、彼の研究協力者であった心理学者のメアリー・エインスワースは、子どもが愛着し〝安心感のよりどころ〟となる存在を「安全基地」と名付けました。その後、愛着は、発達や安定に重要な役割を果たしていることが分かりました。

また、人にはいくつかの「愛着スタイル」があることも明らかになりました。代表的なタイプとして、相手に認めてもらえているかどうかに過敏で、相手に合わせすぎたり、自分で決めるのが苦手だったりする「不安型」。他者との情緒的なつながりを避け、何も問題がないように装う「回避型《かいひ》」。親の死別、離婚、虐待などがトラウマとなり、傷口に触れられると急に不安定になったり、自分の殻《から》に閉じこもったりする「未解決型」があります。

これら愛着の問題は、〝特別な患者さんの問題〟というよりも、一般人口の何割かが抱えている、頻度《ひんど》の高い問題であり、親子、あるいは夫婦といった家族の関係を考えていく際に、必ず関わってくるテーマであると思います。

■「医学モデル」と「愛着モデル」の違い

――「愛着アプローチ」について詳しく教えてください。

不安定な愛着が発症のリスクに関係しているとされる疾患や障がいには、主なものだけでも、うつ、慢性のうつ状態、気分変調症、境界性パーソナリティー障がい、不安障がい、若年《じゃくねん》発症の双極《そうきょくせい》性障がい、解離性障がい、虚言癖《きょげんへき》、摂食障がい、各種の依存症など、数多くあります。

発達障がいの中でも、今回のテーマであるグレーゾーンには、そうしたケースが少なくないのです。

医学モデルでは「症状を呈《てい》している人」が患者であり、治療対象は、「病んでいる患者」本人です。

一方、愛着モデルでは、安全基地がうまく機能していないことが、当人の症状を引き起こしていると考えます。

例えば〝患者〟として連れてこられた子どもは、二次的に病気にさせられているのであり、周囲との関係の中で、症状を呈するようになっている。ゆえに治療されるべきは、子どもを追い込んでしまった環境であり、大人との関係なのです。

誤解がないように強調したいのは、医学モデルにも、もちろん優《すぐ》れた点があり、単一の原因で起きるような病気では、とても力を発揮します。

しかし、現実には「原因が分からない問題」や、「原因と結果が入り組んだ問題」も多く、医学モデルでは、正直、太刀打《たちう》ちできません。

そういったケース、例えば発達障がいのグレーゾーンや、いくつも病名が並んでしまうような複雑な病状においては、愛着モデルによるアプローチが奏功《そうこう》することが多いのです。「愛着」はある程度の可塑性《かそせい》（外部からの刺激や内部の変化に応じて変化する性質）を持っています。成人した後でさえ、不安定だった愛着が安定したものに変化することもあるし、その逆の場合もあることが分かっています。

■ありのままの状態を受け入れる「安全基地」

――具体的には、誰がどのような実践をすることなのでしょうか。

支援者が、症状を発している本人と重要な他者（親や配偶者など）を支援していくことです。

大きくは「愛着安定化アプローチ」と「愛着修復的アプローチ」があり、安定化アプローチから修復的アプローチへ移行する場合が多いです。

安定化アプローチは、本人と重要な他者の双方にとって身近な存在が、臨時の、あるいは半永久的な「安全基地」となることで、愛着の安定を図る方法です。医師やカウンセラーなど専門家が支えになる場合も、このアプローチに該当《がいとう》します。

修復的アプローチは、本人と重要な他者との愛着を安定したものに回復させることを目指します。重要な他者が自らの非を振り返ることができ、症状を発している本人の立場や気持ちになって考えられる共感能力が望めるようになってから、このアプローチが成立します。

安全基地になるために、まず必要なのは、本人のありのままの状態を受け入れることです。

例えば、学校や会社のことで悩んでいる人に接する場合、「学校はどうだ、会社はどうだ」と根掘《ねほ》り葉《は》掘り質問することは傷口に塩をすり込むようなもの。まずは、たわいもない話をすることから始め、それも難しければ、黙って一緒にいるだけでもいい。十分な安心を感じた時に、本人は自ら語るようになります。

特に本人が子どもの場合にやってはいけないのが、「叱りすぎること」です。叱りすぎは虐待と同様に、愛着システムにダメージを与えます。
①良い行動をした時にほめるようにし、②好ましくない行動はあえて反応しない、③生命にかかわるような看過《かんか》できない問題行動については体を張ってでも止める――このように分けて対応することが大切だと考えます。

安全基地になる上で大切な原則がいくつかあります。まずは「応答性」。本人が何か言えば、振り向くなり、返事をするなり、とにかく反応することです。〝まめである〟ことは、とても大事なのです。

また、本人のメッセージは言葉だけとは限りません。表情やしぐさなどの変化を察知する「感受性」も大切です。

反応したりしなかったりというムラがない「安定性」、つまり〝いつも変わらない〟ことも大事になります。

相手の声の調子、表情、しぐさに、こちらもトーンを合わせていくことも重要です。相手がゆっくり話しているなら、その声の調子に合わせ、表情やうなずきといった体の動きも合わせること。そのためには、相手をよく見て、嫌そうな反応をしていないか、それとも、表情が少しゆるんだか、そうした変化を見逃さないようにして、嫌がっている気配が見えたら、しっかりブレーキをかけるということです。

親子関係にしろ夫婦関係にしろ、うまくやっている人は、こうしたことを自然にこなしています。

「コミュニケーションは苦手で……」という人もいるかと思いますが、実践しやすいスキルとしては、「なるほど」「ほう」「そうでしたか」といった合いの手となる言葉を、気持ちを込めて、大きなうなずきとともに発するという方法があります。

もう一つは、相手の言葉をなぞる方法です。例えば、相手が「会社に行くのが嫌になった」といえば「嫌になったんだ」というようにオウム返しする。するとそれが呼び水となり、嫌になった事情を話してくれるかもしれません。

深刻な発言をオウム返しすると危険な場合もあると思います。例えば「もう死にたい」と言われたらどうしますか。

その場合は「どうしたの？」と聞いてみてください。すると相手は「上司に怒られて何もかも嫌になった」と言うかもしれません。その時は「怒られたんだね。でも、どうして死にたいと思うの？」というように、「どうして」という疑問を投げかけて気持ちを掘り下げていきます。

つまり、こちらが答えを用意する必要も、導く必要もないのです。対話をどこまでも続けながら、答えを見つけるのは本人だということです。共感しつつ、邪魔をせず、話の流れに付き合うことが大切になります。

■すぐに解決が見つからないような状況は不幸か

――記者の友人の家庭は、配偶者が「親にかまってもらえずに育った」ことに心の傷を抱えていて、他方、子どもが発達障がいの〝グレーゾーン〟ということが分かり、悩んでいます。どのような解決の道筋が考えられるでしょうか。

専門家として関わるのか、夫が妻をどう支えるのかで、違ってきますが、ここは、夫の立場でどうしたらよいかについて、愛着アプローチの観点からお話ししましょう。

一言でいえば、夫として父として、安全基地になることで事態が改善することにつながるということです。そのためには、問題を解決しようとするのではなく、妻や子どもの安全基地になることを目指します。

ところが、現実に起きやすいのは、特に男性の場合、問題が生じると、それを解決することにばかり目が向いてしまうということです。

「解決方法が正しいかどうか」「もっといい方法がある」といったことばかりに一生懸命になってしまい、妻のやっていることをけなしたり、ケンカになってしまったりします。

夫は懸命に努力しているつもりでも、結果的に妻をいっそう痛めつけることになってしまいます。それは、子どもにとっても、悪い影響しかありません。

大事なのは、妻の悩みを聞き、「よくやっているよ」とねぎらい、解決策を一緒に考えながら、〝きっと大丈夫だ〟と安心させることです。そうすると、子どもにもいい影響が及んで、子どもの発達や安定にも役立つことが多いのです。これが愛着アプローチの方法です。

人生においては、すぐに解決が見つからないような状況に陥ることもあります。それは、不幸なことに思えるかもしれません。しかし、私の臨床経験から感じることは、その困難、きっかけがなければ、人は自らを振り返り、限界を超え、成長することもできないということです。だからこそ、「行き詰まったピンチの時こそ、変われるチャンス」なのです。

第4章

性的マイノリティー

体験

〝死にたい〟と思った私が、〝生きること〟を伝える理由

今、ＬＧＢＴに変わって注目される「ＳＯＧＩ《ソジ》」という新しい性の捉え方について、クローズアップする。

〝生きること〟に真摯《しんし》に向き合ってきた「まぁ〜ちゃん」こと、城《しろ》間勝《ままさる》さん（29）＝沖縄市、男子部部長＝の歩みを見つめた。

動画が見られます

初恋――5歳の〝おばー〟が現れて、職員室からお茶が消える

２０２０年９月末の沖縄は、まだ半袖《はんそで》でないと汗ばむ暑さだった。タンスの奥から引っ張り出した〝かりゆしウエア〟（沖縄では、これが夏の正装）を着て、那覇《なは》空港に降り立った記者は、沖縄市に向かった。

２年ぶりに会う、まぁ～ちゃんの本名は城間勝。でも、みんなは親しみを込めて「まぁ～ちゃん」と呼ぶ。

最近は「ＬＧＢＴ」という言葉も広まり、セクシュアル・マイノリティー（性的少数者）についても知られるようになってきた。

まぁ～ちゃんは、男性として生まれた。自分では「私は男性でも女性でもない性」と認識している。好きになる相手は男の人が多いけれど、女の人にも人間としてひかれる。そんな自分のセクシュアリティー（性）を公表し、〝多様な性〟への理解を広げる活動をしてきた。

まぁ～ちゃんの〝初恋〟の話は面白い。

お母さんは働いていて、おじー（おじいちゃん）や、おばー（おばあちゃん）と過ごすことが多かった。だから、幼い頃のまぁ～ちゃんは、おじーとおばーが話す、うちなーぐち（沖縄方言）でしかしゃべれない、ちょっと変わった子だった。

5歳の時、幼稚園に実習生が来た。イケメンの彼の休憩時間を狙って、まぁ〜ちゃんは職員室に駆け込んだ。

「先生、おいくつ？」「21歳だよ」

「あー、若いですね」「勝くんの方がもっと若いよ（笑）」

「ご両親はおいくつ？」「40歳くらいだよ」

「はあー、ばんじ（沖縄方言で「最盛期」の意味）ですね」

当時から創価学会の座談会に参加していた、まぁ〜ちゃんの世間話のスキルは、完全に〝おばー〟のそれだった。

突然、現れた5歳児のおばー。実習生は笑っていた（と思う）。

まぁ〜ちゃんは実習生を気遣《きづか》って、職員室にあった湯飲みのお茶を差し出した。

「えっ、これ誰のお茶かな？」と焦る実習生。

「いいから。気にしないで、ゆっくりしてね」

周りでは、先生たちが「お茶が消えた！」と騒いでいた。

「今、思うと、これが初恋だったんじゃないかな」と、まぁ〜ちゃんは笑った。

「まぁ～ちゃん」こと城間勝さん

14歳で決めた〝命の期限〟
——私を殺してください

小学校でも、うちなーぐち全開で話すまぁ～ちゃんは、周りから浮いていた。

「〝俺〟とか〝僕〟はしっくりこなくて。自分のことを〝私〟と言っていた」

同級生は、そんなしぐさや話し方が気に入らないらしい。まぁ～ちゃんは、いじめの標的にされた。

ある時、2階の教室のベランダで空を見上げていたら、次の瞬間、視界いっぱいに地上の花壇《かだん》が映った。

「足をつかまれて、逆さまに落とされそうになって」

泣き出したまぁ～ちゃんを見て、クラスメ

ートは「男のくせに、なんで泣くんだ」とゲラゲラ笑っていた。

男か、女か――押し込められる〝その枠〟が、いつも自分を苦しめた。

中学に行っても、いじめは続いた。

「1メートル以内に近づくな」「ばい菌がうつる」。廊下を歩くたびにホウキで掃《は》かれた。

ある日、教師に呼ばれた。「あなた、なんでこんなことされるか、分かる?」

戸惑うまぁ~ちゃんに、教師は続けた。

「あなたはね、病気なんだよ」

その瞬間、心の中で何かが壊れた。

「分かりました」とだけ言って、席を立った。

「まだ話は終わってないよ」。後ろから、そう聞こえたけれど、振り返らなかった。

中学の授業で、〝10年後の自分に手紙を書こう〟という課題があった。

周りのみんなの手紙は「プロ野球選手になってますか?」「結婚して子どもがいるよね」。

けれど、まぁ~ちゃんは……。

手紙には「お空の上から、皆さんの活躍を見ていることでしょう」と書いた。

「あの頃は、〝20歳までは頑張って生きる〟。でも、それより先なんて、私にはないって思ってた」

親にも言えない、誰も知らない苦しみ。当時、14歳のまぁ~ちゃんは御本尊に訴えた。

「何でも願いがかなうなら、どうか私を殺してください」

高校デビューを飾ったら、〝伝説の人〟に祭り上げられた

同じ中学からは誰も行かない、地元から離れた高校に進学した。

それからは、いじめられることはなくなった。

まぁ～ちゃん自身にも変化があった。というか、変化しすぎた。

「〝命の期限〟を決めたから、それまでは、もう自分のやりたいようにやろうって。誰が覚えてくれなくてもいいから、自分が生きた証《あかし》を残したいって思いもあった」

制服に真っ青なストールを巻いて、「グッドモーニング！」と陽気に登校。

「〝青いアザ〟かって感じで、目の上を青いシャドーでお化粧して。紅ショウガでもつけてるのってくらい、真っ赤な口紅をして」

まぁ～ちゃんの鮮烈な高校デビュー。学校中に衝撃が走った。

ある日、涙を流しながら近寄ってきた先輩がいた。

「この高校には、いつか救世主が現れるって伝説があって。それが、あなたなんですね。〝伝説の人〟に会えて感動です！」

高校デビューを飾ったら、〝伝説の人〟として祭り上げられた話。これも、まぁ～ちゃん

〝事件〟ファイルの一つ。

遺書のつもりで書いた作文を、全校生徒の前で〝カミングアウト〟

２００７年（平成19年）の冬。

高校２年生のまぁ～ちゃんは、全校生徒を前に、演壇に立っていた。まぁ～ちゃんの作文が教師の目にとまり、全校集会で発表することになったのだ。

「私の恋愛対象は男性です。でも、自分自身の性別については、男性とも女性とも言い切れません。〝男らしさ〟や〝女らしさ〟という概念《がいねん》に、自分の感覚は当てはまらないんです」

数百人の前での〝カミングアウト（自分の性のあり方を自覚し、誰かに伝えること）〟。まぁ～ちゃんにとって、この作文は「遺書《いしょ》を書くような思いだったんです」。

インパクトは大きかった。強く生きようとする姿は共感を集め、後輩や先輩からも悩みを相談されるようになった。

「自分の悩みに振り回されてちゃだめよ。人の前に火をともせばねー、自分の前も明るくなるのよ」

幼い頃から創価学会の会合で耳にしてきた〝言葉〟で励ますと、どんどん評判になり、相談を求める行列が、教室の外まで続いた。

LGBTは「ベーコン・レタス・トマト」ではない

全校集会での発表が話題になって、ＰＴＡの集まりでも話すことになった。

「ＬＧＢＴって知っていますか？」と聞くと、一人の保護者が笑顔で話しだした。

「私も大好きです。おいしいですよね」

よくよく聞いたら、ＬＧＢＴを「ベーコン・レタス・トマト（ＢＬＴ）」のハンバーガーと勘違いしていた。

「ハンバーガーの話じゃないんですよって（笑）。そういうところから始まったんです」

それでも、お母さん〈貞子《さだこ》さん（66）＝支部副婦人部長〉にだけは、自分の性を打ち明けられずにいた。けれど、周りの保護者から話が伝わってしまう。

「〝息子が、おかしくなってかわいそう〟って言われる気持ちが、あんたに分かる？　沖縄じゃ、まだ10年早いんだよ」

母は泣いていた。

大学生になってからは、沖縄の各地でセクシュアル・マイノリティーについての講演もした。

でも、母が泣いた〝あの日〟以来、家では一切、そのことは話さなくなった。

「私が牙城会《がじょうかい》に入ったら、後悔しませんか？」

20歳を迎えた。この先は——。

就職、結婚、子育て……。周りの学生が思い描くような〝幸せな未来〟は、自分にはないように思えた。

大学に行けなくなり、自主退学した。

体調も崩して起き上がれない日もあった。

それでも唯一、行ける場所が創価学会の座談会だった。

おばーからもらった池田先生の書籍『希望対話』。そこには書かれていた。

〈君が自分で自分を、だめだと思っても、私はそうは思わない。あなたが自分で自分を見捨ててしまっても、私は見捨てない〉

ある時、男子部の先輩から言われた。

「牙城会に入ってほしいんだ」

最初は〝絶対、無理〟と思った。勇ましい男たちの勢いには、ついていけない。

だからニコニコしながら「お断りします」と言った。

だが、先輩は引かなかった。「男性とか女性とかじゃなく、一人の青年として、学会員として一緒にやりたいんだ」

「本当に私でいいんですか？」「いいよ」

こんなやり取りを3回、繰り返した。

「私が牙城会に入ったら、後悔すると思いますよ」

先輩は目をそらさずに言った。「絶対にしない。大歓迎だよ」

その夜、お母さんに報告した。

「私、牙城会になります」

じっと聞いていた母から、初めて聞く話が飛び出す。

「あなたがこうやって学会で頑張るのが、ずっと私の夢だった。うれしいよ」

母は笑いながら、ちょっと泣いていた。

10年たったら、母と買い物に行ける世界になっていた

実際に牙城会に入ってみると、印象がガラッと変わった。

みんなそれぞれ悩みがあって、信心で立ち向かっていた。

自然と自分の全てを話せた。先輩は「よく分からないんだけどさ」とポリポリ頭をかきながら、それでも〝一人の人〟として、まぁ〜ちゃんの話をじっくり聞き、一緒に考え、一緒に祈ってくれた。

「男か女かじゃなくて、真っすぐに人間として受け止めてくれた。全部は分からなくても、真剣に分かろうと寄り添ってくれたんです」

まぁ〜ちゃんは、学会活動が大好きになった。

その後も、県内各地の学校で講演したり、ラジオ局でレギュラー番組も持ったりして、〝多様な性〟があることを伝えた。

そんな活動が注目され、全国放映のテレビ取材が決まった。東京での取材を告げると、お母さんは言った。

「ちょうど、10年たったたね」

お母さんから「買い物に行こう」と誘われ、初めて一緒に婦人服コーナーへ。

「こういうのが似合うと思うよ」と、取材で着る服を母がコーディネートしてくれた。

自分でもすっかり忘れていた。

母に自分の性のことを話さなくなった、あの日から10年。まぁ〜ちゃんの話はテレビ放映され、感動と共感が大きく広がった。

「あなたがやるって決めたことは、いくらでも応援するから」

母が笑った。まぁ〜ちゃんは泣いていた。

本当の「自分らしさ」は「他者を重んじる」ことから

城間さん（左）と母・貞子さん

まぁ〜ちゃんは、講演やラジオを通して、セクシュアリティーに限らず、いじめや家庭の問題、人間関係の悩みなど、さまざまな〝生きづらさ〟を抱える人たちの心に寄り添っている。

そこでは「自分らしく輝ける場所が、誰にもきっとある。だから、生きてほしい」と話しかける。

〝自分らしさ〟とは何なのか、ま〜ちゃんに聞いてみた。

「それは、押し付けたり、無理やり出すものではないと思う。何もせずに、変わらなくていいってことでもない。周りの人とお互いを思いやる中で、お互いを知って、お互いに変わって。そうやって磨かれて引き出されていくもの。本当の〝自分らしさ〟は、〝他者を重《おも》んじる〟ことから始まるんじゃないかしら」

かつて〝殺してください〟とまで、御本尊に願った。

「御本尊様は、そんな私の諦めの心、卑屈《ひくつ》になってしまう心を殺してくださったんです」

今でも、まぁ〜ちゃんは、おばーからもらった池田先生の『希望対話』を大切に持っている。そこには、何度も読み返した一節がある。

〈だれよりも苦しんだ君は、だれよりも人の心がわかる君なんです。だれよりもつらい思いをしたあなたは、だれよりも人の優しさに敏感《びんかん》なあなたのはずです。

そういう人こそが、二十一世紀に必要なんです！〉

「また会いましょうね。お元気で」

取材が終わり、空港に向かう記者の車から見えなくなるまで、まぁ〜ちゃんは手を振っていた。

きっと今日も、まぁ〜ちゃんは〝生きる〟ことを語り、伝えている――。

メモ──これからを語る言葉「ＳＯＧＩ」

今、まぁ〜ちゃんは「ＳＯＧＩ（ソジ）」という考え方に注目していると話してくれた。ＳＯＧＩは、以下の二つの言葉の頭文字からなるという。

・**S**exual **O**rientation（性的指向）
セクシュアル・オリエンテーション＝どんな性を好きになるか
・**G**ender **I**dentity（性自認）
ジェンダー・アイデンティティー＝自身の性をどのように認識しているか

広く知られる「ＬＧＢＴ」は、女性同性愛者のレズビアン（Ｌ）、男性同性愛者のゲイ（Ｇ）、両性愛者のバイセクシュアル（Ｂ）、生まれた時に割り当てられた性別に違和感があったり、距離を置きたいと感じたりするトランスジェンダー（Ｔ）の四つを指す言葉。

ただ、これだけだとその四つ以外の多様な性が取りこぼされ、多くの異性愛者も含まれない。

「ＳＯＧＩ」は、どんな性を好きになるか、自分の性をどう認識しているか、を表す言葉なので、全ての人を対象にできるという。

まぁ〜ちゃんは言う。「枠をつくると、そこから取りこぼされる人が出てきてしまう。だから、全ての人が自分と関係するものとして捉えられる『SOGI』という言葉は、素敵だなと思います」

INTERVIEW

自分の性とは――
全ての人に問う
共生の願いを込めて

新しい性の捉え方として注目される「SOGI（ソジ）」について、性的マイノリティーの研究者である山形大学の池田弘乃教授に話を聞きました。

池田弘乃
いけだ・ひろの
山形大学教授

東京大学法学部卒業、東京大学大学院法学政治学研究科博士課程満期退学。松山福祉専門学校、都留文科大学等の非常勤講師を経て、現職。専攻は法哲学、ジェンダー・セクシュアリティと法。主な著作に『ケアへの法哲学』（ナカニシヤ出版）などがある。

動画が見られます

■性的マイノリティーに対する政治家の発言――
その背後に、日本社会全体の問題が見えてくる。

――性的マイノリティーに関して2020年10月、東京の区議会議員が〝同性愛が広がれば区が滅びる〟との趣旨の発言をし、最終的に謝罪に至るというニュースがあった。池田教授は率直にどう思ったのか。

池田さんは、かつて、同性への性的欲求や自身の性別を変更しようとすることは、その存在や行為自体が異常なものとされてきたとし、「でも、この負の歴史は完全に過去のものとなったわけではなく、現在進行形の問題であり続けています」と語り始めた。

池田　（区議の発言は）公職《こうしょく》にある人としては非常に無責任な発言だったと思いますが、単純に性的マイノリティーへの差別としてだけ捉えたのでは済まないように思うんです。少子化が深刻な日本社会では、「産む」か「産まないか」ということが、とても大きなプレッシャーになっている。

「子どもを産むことが大事」「女性は子どもを産むべき」と思う人たちがいて、そういう人からすると、性的マイノリティーは「生産性がない人」とラベリング（レッテル貼り）されてしまう。

単に「マイノリティーが気持ち悪い」という差別の話ではなく、もっと根深い日本社会全体の、生産性を保つことが大事なんだというプレッシャーの表れがＬＧＢＴに向けられているのかなという印象です。

——「性的マイノリティーには生産性はない」という指摘。でもこれ、よく考えてみると実際はそんなことはないのではないか。例えば、養子縁組で子どもを迎え、同性パートナーで子育てをするという形だって考えていける。また、どんな立場の人も安心して子育てができるという価値観が社会に浸透《しんとう》すれば、マイノリティーの人以外の子育てにも好影響を与える可能性だってあるかもしれない。しかし、ここで押さえておかなければいけないことは、生産性の有無にかかわらず、性的マイノリティーの人権が侵害されているのなら、行政は権利の公正化のために行動を起こさなければいけない、ということだ。「生産性」だけを重視する考え方は、それを発揮できない人たちの価値を否定してしまう。そうした考えは、性的マイノリティーに限らず、より多くの人に〝生きづらさ〟を突き付けることにもなりうる。

その意味で、性的マイノリティーについて考えることは、あらゆる人々が自分を見つめ、〝生きる〟ことについて考えるきっかけにもなるのではないか。

とはいえ、すぐに自分ごととして捉えていくのは、なかなか難しい。池田さんは、「『SOGI』という言葉を知った時にも、無関心のままでいられるのかということに興味がありますね」と語る。その前段として、「LBGT」の歴史について教えてもらった。

■「SOGI(ソジ)」という概念を知る前に――忘れてはいけない、「LBGT」の歴史的な歩み

池田　「LGBT」という言葉は最近、知られるようになりました。

〈レズビアン(女性同性愛者)＝L、ゲイ(男性同性愛者)＝G、バイセクシュアル(両性愛者)＝B、トランスジェンダー(生まれた時に割り当てられた性別と異なる性別を生きる、あるいは生きようとする人)＝T〉

LGBの3つは、後で出てくる言葉でいうと、性的指向についてのマイノリティーです。「同性同士でも結婚できる社会」かどうか、「同性同士でも生活がきちんと保障される社会」かどうかが切実な課題です。これに対し、性自認についてのマイノリティーであるT

は、「自分の本来の性別で生きていける社会」であるかどうかが切実な課題です。

一言でＬＧＢＴといっても、最初の３つのＬＧＢと最後のＴでは課題の性質がやや異なります。（もちろん、「Ｔであり、同性に引かれる」といった場合もありますから、両者には重複する部分もあることは忘れてはなりませんが。）

しかし、１９８０年代の末頃から20世紀末にかけて、「それぞれ課題は違うけれども、社会からマイノリティーとしていろいろな差別を受けていて、困難を抱えているという点では同じだ」という認識のもと、ＬＧＢＴと並べて表現し、連帯を強調する動きが出てきました。

そして性的マイノリティーの連帯と包摂《ほうせつ》を模索していく中で、ＬＧＢＴからは漏《も》れる人たちをどう表現していけばいいのかということも意識されるようになっていきました。

――そこで、２０１０年前後から、国連などの国際会議の場で「セクシュアル・オリエンテーション（ＳＯ、性的指向）」と「ジェンダー・アイデンティティー（ＧＩ、性自認）」という言葉が使われ始めるようになったという。「性的指向」とは、どのような人に性的にひかれるかということ。「性自認」とは、自分の性別についてどのように認識しているのかという考えだ。

池田さんは、〝自分の性的指向は何だろう〟という問いの立て方をすれば、「同性にも異性にも全然ひかれない」とか「人や場合によって異なってくる」など、「個人個人に、性のバリエーションがあることが表現できる」と語る。

また、性自認を見つめれば、「私は男性である」「女性である」「男性でもあるし、女性でもある」「男性か女性かを決めたくない」など、「より包括的な性のあり方を示すことができる」と。

池田　あらゆる人にとって「自分の性のあり方って何だろう」と認識する時の言葉として使えるのがＳＯＧＩ（ソジ）になります。例えば、異性愛の人もＳＯＧＩで捉えるなら、「自分の性的指向は異性に向いているな」と考えることができる。それによって、性的マイノリティーの問題に関して、誰もが当事者の一人だと気付き、考えていけるようになると思います。

このように、ＳＯＧＩは、ＬＧＢＴよりも包括的に表現できますが、だからといって、決してＬＧＢＴに取って代わる言葉ではない。ＬＧＢＴ自体は歴史的にすごく重要な意義があって、「これからも連帯していこう」というメッセージを伝える意味でも、手放してはいけない言葉としてあり続けると思います。

近年は、ここにQを付け加えて、LGBTQという表現も使われることが増えてきました。Qはクィアまたはクエスチョニングの略でクィアとは「マジョリティーが押し付けてくる性のあり方に服従しない」生き方を誇りをもって表現する言葉です。クエスチョニングとは自身のSOGIについて模索中だったり保留していたりすることを表す言葉です。「多様性」の議論になると、一足飛《いっそくと》びに、〝いろんな人がいるからいいじゃん〟という話に流されやすい。しかし、その前に、本当は多様なはずの人々のうち一部をマイノリティーというところに押し込め、社会や法律自体が不利益を与えてきたことを踏まえて考えないといけないと思います。そういう意味でもLGBTという言葉は、皆できちんと知っていく必要があると思うんです。

■「個人の認識」と「社会の制度」

――以前、池田さんは講演で、「マイノリティーには『少ない方』というだけでなく『価値として劣《おと》っている方』とのニュアンスがある」と説明されていて、ハッとした。ヨーロッパにおける中世の貴族社会では、庶民に比べると、数は少ない貴族に特権があって、「偉い」とされていた。しかし、現代社会では、単に数が少ない、さまざまなマイノリティーを、劣ったものとして、社会が、制度が、扱ってしまう面がある。このような根深い差別を絶《た》つために、どのような視点が大事なのだろうか。

池田　とても難しくて、私もすっきりした答えがあるわけではないのですが、「個人のレベルで認識していく」という話と「社会の制度を変えていく」という話を、両輪でやっていく必要があると思います。

その上で、制度や法律がどうなっているのか、もう少し、一人一人が関心を向けることが大事になると思います。

例えば、自分のパートナーが同性だったとしたら、生活って守られているんだろうかと思いをはせる。自分の住む自治体では、同性のパートナーについてどう扱っているのかを調べる。

もし、「パートナーシップ制度」がなければ、自分が住む地域の政治家がどう考えているのか、調べてみる。口ではＬＧＢＴは大事と言っていても、党派対立に利用しているだけなのか、地道に本当に制度を作っていこうとしているのか、と。

ＬＧＢＴという言葉がメディアでよく使われるようになってから、啓発とか広報というものは少しずつ進んできてはいますが、制度の変革というものはほとんど進んでいません。

日本だと、性同一性障がい者についての特例法ができているくらいで、例えば同性間の生活を保障していくものは、法律レベルでは、まだ何もない現状です。このアンバランスさをどう解消していくのかが一つの鍵になるでしょう。

■自分を尊重する大切さを知る「性教育」の実施を

――性的マイノリティーについて、知っていく、学んでいくという意味では、日本の性教育についてはどうなのだろう。

池田　必要なことがなされていないと感じます。性的マイノリティーであるかどうかにかかわらず、自分と他人を大事にするために、性については知っておかないといけないと思います。国際的には、性教育を教育課程にきちんと組み込む国も増えてきています。幼少期から、性教育を始めている国もあります。

自分の体を大切にすること、デリケートなプライベートゾーンは、自分にとって大事なところであり、そこに嫌なことをされたら、恥ずかしいことじゃないから信頼できる大人に言っていいんだよということを伝える。

自分を尊重することの大切さをまず教えて、学年が進めば、恋愛などについても教える。恋愛はセックスすることとイコールではないとか、性行為には同意が必要だとか、一定の年齢に達したらきちんと避妊《ひにん》してセックスすることは恥ずかしいことじゃないんだよ、といったことをです。

こうした一定の枠組みの中で、好きになる人が異性だったり同性だったりすることがあるし、好きになる人がいないことも異常ではないんだよ、と教える。自身が出生時に割り当てられた性別に違和感を持つこともあるかもしれないこと、そして、その時に自分の中で一番しっくりくる性のあり方を大事にしていいんだよ、と伝えていくといいと思うんです。

■周囲に〝性的マイノリティーかも〟という人がいたら

――家庭でも、親子で「性を語る」ことは大切だ。性的マイノリティーは、親子であっても共有しづらい側面がある。もしかしたら、親にカミングアウトをして否定されることがあるかもしれない。当事者は、誰にも言えない悩みを抱え込んでしまうのではないか。私たちの周りに、〝もしかしたら、この人は、性的マイノリティーなのかな?〟と思う人

がいた場合、相手を思いやる心があれば、こちらから聞いてみてもいいものなのか？

池田　よほどの人間関係ができていないと難しいと思います。性的マイノリティーじゃないだろうなという人に対して、「あなたは異性愛者ですよね？」と、わざわざ確認しないですよね。〝なぜ、性的マイノリティーだけ、わざわざ確認されなければならないのか〟と思う人もいるでしょう。

この人には「話せる」ということと、「話す必要がある」ということ。この２つの条件が整った時に初めて伝えると思うんです。逆に言えば、何でも話せる人間関係だったとしても、話す必要がないと思って言ってない場合だってあることでしょう。

この部分は伝えなくても深い関係の友人としてやっていけると思う人もいれば、この人には伝えないといけないと思う場合もあるでしょう。

もちろん、今これだけＬＧＢＴという言葉が知られるようになったのは、カミングアウトをして、運動を起こす当事者がいたからなんですけれど、全ての当事者にとってカミングアウトすることが望ましいかというと、それは全く別の話です。個別の状況によるんだろうなと思います。

■「自分は分かっている」よりも「分かろうとしている」姿勢で

――記者は、中学生の時の体験を語った。「男らしくない」同級生をからかってしまったという自責の念。中学生の自分は、あの同級生と本当はどのように接したらよかったのだろうか。

池田　何か正解があるわけではないと思うんです。あえて言えば、男性でも「男らしい」とは限らないし、女性でも「女らしい」とは限らない。そういった前提で人を見るだけで、物腰とか言動に自然と表れてくるし、関わり方が変わっていくと思うんです。

私自身も、性的マイノリティーについて、全部、知っているかといえば、いまだに知らないことや気付けなかったことはたくさんあります。

分からないことがあると自覚して、何とか「分かろうとしている」と示していくことが大事になるのではないでしょうか。

「まぁ～ちゃん」の記事を読ませてもらいました（201ページ）。

創価学会の男子部の先輩が、「よく分からないんだけどさ」と言いながら、性的マイノリティーのまぁ〜ちゃんに同じメンバーとして関わろうとしていた箇所が印象的でした。

「分かってから動く」のではない。まずは行動を起こしてみる。そして、当事者がどこで困っているのかに気付けたら、そこで行動を変えていけばいい。そういった内発的なプロセスが大事だと思いました。

「分からない」とは言っているけれども、相手の可能性を心の底では信じている。そういう姿勢が接し方に出ているんでしょうね。

体験

娘として生きてきた、息子として生きていく

生まれた時に割り当てられた性別は女性だった。今は、戸籍上も男性となった笠《かさ》原《はら》栄《えい》希《き》さん（39）＝さいたま市岩槻区、男子部本部長。父・母は子どもの変化をどう受け止めたのか。家族の関係を見つめる。

動画が見られます

消えた「えーやん」、そして不本意なウサギの絵

寒さが増してきた２０２０年11月半ば、「えーやん」に会うため、記者は埼玉に向かった。

えーやんこと、笠原栄希さんが生まれた時に割り当てられた性別は女性で、もともとは「栄子」だった。今は、戸籍上も男性となり、19年３月に結婚した。

幼い頃、えーやんは真っすぐで負けん気の強い子だった。

幼稚園では砂場が大好きで、誰よりも高い砂の山を作ることに熱中した。時間がたつのを忘れて、ひたすら砂を盛っていた夏のある日。気付けば、周りには誰もいなくなっていた。

他のみんなはプールの時間で移動していて、先生たちは「栄子ちゃんがいない！」と騒いでいた。

消えたえーやん。先生たちが捜索を開始すると、砂場にそびえ立つ山のふもとで発見された。「えっ、もうやめなきゃいけないの？」と、気まずそうにしていたとか……。

お絵描きでは、決まって大好きな車の絵を描いた。

「母の日のプレゼントに絵を描きましょう」と言われた時も、えーやんはドーンと大型車両を描き切った。

しかし、先生は「栄子ちゃん、もっとかわいいウサギさんの絵にしようね」と。今は変わってきたが、当時の幼児教育の現場では「女の子はピンクや赤色で、かわいいものを選ぶ」のが〝普通〟だった。

「『頭にくるなぁ』って思いながら、不本意なウサギの絵を描いたのを覚えてますね」

今は笑って話せる思い出話。でも、当時のえーやんにとっては、不服な出来事だった。

「男の子と遊んじゃいけないのか」

えーやんが、初めて「性別」の区分けにぶつかったのは、小学校高学年の「性の授業」だった。

男女で分かれる性の授業では、女子児童と一緒に話を聞くことに。「『えっ、こっちかよ？』って思いましたね」

先生は、「男の子とは違うから、体を大事にしなきゃ。ドッジボールばかりやってちゃダメだよ」と。

ずっと自分の性別に違和感があった。「男の子と遊んじゃいけないのか」。押し込められる〝枠〟は窮屈《きゅうくつ》だった。

小学校を卒業後は、中高一貫校に進学した。

「制服のスカートが嫌で、ズボンの学校を探したけど、当時はほとんどなくて」進学先は、男女の交際も一切禁止で、厳密に分ける雰囲気があった。「女装しているようにしか思えなかった」けれど、制服を着て女子生徒として過ごす。

「『男子って嫌だよねぇ』とか言い合いながら、女子っぽい言動に自分を寄せていた」

笠原栄希さん

風呂場で、ぎゅっと目をつぶった

2000年（平成12年）に創価大学へ進学。合唱団に入り、サークル活動に熱中した。「入学した頃の目標は『脱・男』。頑張って女性になろうと思ってました」

大学2年のある日、たまたま帰り道が一緒になった友人から、突然、〝カミングアウト〟された。

「僕、ゲイなんだ。男性が好きなんだよね」

えーやんは驚きつつも、「いいじゃん、自由でしょ。俺も自分のこと、女性だと思っていないよ」と返した。

彼と深く話すようになって、「セクシュアル・マイノリティー」を初めて知った。それからは、本を読んだり、当事者の話を聞いたり。「何これ、まさに自分のことじゃんって」

自分の性を女性とは思えない。「性は、アイデンティティー(私とは何であるか)の根幹だと思うんです」と、えーやんは振り返る。

「普段は意識しなくても、人は、まず自分の性は『これ』っていう土台があって。その上に、どんな人間かということが積み上がっていくんでしょうけど、当時の自分はその土台自体が、ぐらぐらと揺らいでいたんです」

「自分の存在って何なんだ……」と悩んだ。

女性の後輩からは、同性の先輩として相談される。「そのたびに、どこか、だましているような気持ちが付きまとう」

大学に向かう電車の中で不安に襲われ、過呼吸になったこともあった。

やがて、自分の体も見たくなくなった。風呂に入る時は、鏡に映る自分を避けるように、ぎゅっと目をつぶって、体を洗った。

〝親以上に親〟みたいな存在

自分は一体、何なのか……。えーやんは悩みに揺れる中で、池田先生の指導に出あった。

それは、創価大学の合唱団で歌った組曲「光は詩《うた》う」の原詩だった。池田先生は「秋桜《コスモス》の風」と題した写真紀行で、つづった。

〈健気《けなげ》に微笑《ほほえ》んで生きるあなたを、コスモスは、しなやかな腕で抱きとめてくれる。「そのままでいいの」「真心は、きっといつか通じるから」「だから、優しさを胸の奥に、しまい込まなくていいのよ」と励ましてくれる。そよ風に揺れて、花たちが歌う。歌っているのは「柔らかな心であり続ける強さ」。一番大切な強さ〉

そのままでいいの――その言葉が、えーやんの心に染みた。

「自分を自分のままで全部、受け止めて、肯定してくれたんです。池田先生は、自分にとって〝親以上に親〟みたいな存在になった」

当時、悩む中でも、創価学会の活動には必ず足を運んでいた。〝この人になら言えるかも〟と相談した先輩は、「ずーっと話を聞いてくれました」。ただ、それだけでうれしかった。

自分も誰かの支えになりたい。そんな思いから、大学卒業後は、母子生活支援施設の職員として就職した。

勤務先では、母子家庭の人をはじめ、さまざまな事情で入所してきたお母さんと子どもたちのために働いた。

DV（家庭内暴力）から避難して入所した人もいた。「自分とお子さんの今後を考えて、自分が生きたい人生は何だろうって、見つめるところからスタートしましょう」と寄り添った。

そのセリフは、そのまま自分自身に向けて言っているようでもあった。

「栄子」から「栄希」へ

「やっぱり、自分がありたいように生きたい」

25歳の時、えーやんはホルモン療法を受けることを決めた。

療法といっても、疾患を治すということではなく、本人が最も自分らしくいられる生活を医療的にサポートするもの。男性ホルモンを投与すると、月経の停止、体毛の増加、声帯の形状変化などが起こる。

ただ、両親にどう伝えるかは悩んだ。

知り合った当事者の中には、親にカミングアウトしても認めてもらえず、親子関係が悪化した人もいた。

まず、兄と妹に思いを伝えた。２人とも「いいんじゃない？　えーやんは、えーやんだよ」と言ってくれた。

それからは、実家でテレビを見る時、性的マイノリティーの当事者が出る番組にチャンネルを変えたり、関連する書籍を居間に置いてみたり。

そして、意を決して両親に打ち明けた。最初はやっぱり、困った顔をされた。

父・精次さん（76）＝副本部長＝は、学会の先輩に話を聞きに行った。「あなたの人生じゃないから、子どもには子どもの生き方があるのかもしれません」と先輩から言われ、信心一筋の父は「心から納得した」という。

「俺が『ダメだ』って言ったって仕方ないじゃない。誰だって、子どもから大人になるまでに大きく変わる。それが、女性から男性に変わるってこともあるんだと。否定しても何も進まないから、本人を認めてあげなきゃ。そう思ったんです」

母・俊美《とし み》さん（61）＝地区副婦人部長＝は、だいぶ戸惑っていた。

最初に話した時は、お互いに感情的にもなって、母から「性別を変えるなら、地元から離れてほしい」と言われた。

「親にも分かってもらえない。こんな悲しいことってないですよ」

それでも、えーやんは「怒りは全くなかった」という。

「親との関係を断つなんて、絶対にしたくなかった。だって、池田先生はいつも『親孝行の人に』って言われているから」

えーやんは祈り続けた。

「当時は、親に申し訳ないって思っていた。だから、その分、自分が誰よりも親孝行する子どもになろうって決めて」

保育士の資格を取って、母が運営する保育園で働くようになった。

33歳の時に性別適合手術を受けた。

手術には同行者が必要だと分かった時、母が「私が行こうか」と言ってくれた。初めて、認めてもらえた気がした。

だんだんと、自分の性についても話せるようになった。カミングアウトした時、お母さんも、えーやんに対して「申し訳ない」と思っていたことを知った。

「時間はかかったけど、自分から親を諦めることをしなくてよかった」

そうして手術を終え、戸籍変更の手続きを経て、えーやんは「栄希」になった。

成人式の振り袖と結婚式での父の一言

2019年3月、仕事を通じて知り合った妻と結婚した。

左から母・俊美さん、笠原さん、父・精次さん

父と母が一番喜び、祝ってくれた。

結婚式で妻が着た〝振《ふ》り袖《そで》〟には、ちょっとしたエピソードがある。

実は、この振り袖は、えーやんが成人式の時に着たもの。

「成人式の時は『嫌だなぁ』と思いつつも、両親のために着た。それからも、母さんが大切に取っておいてくれたみたいで。妻が『結婚式で、私が着たい』って言ってくれたんです」

門出に彩《いろど》りを添えた振り袖。そんな新郎新婦の二人を、お母さんはうれしそうに見つめていた。

結婚式で、父は語った。

「時がたってみて、『あぁ、こういう使命があったのか！』って分かるんです。将来、栄希は、私が考えもしなかったようなことを成し遂げてくれる。今は心から、そう信じています」

さあ行け、えーやん!

結婚式で流すBGMに、えーやんは大学時代の思い出の組曲「光は詩う」を選んだ。池田先生は、組曲の原詩でつづっている。

〈自分にできることを、すべてした人。その人が「花」だ。だから、あなたよ、花と咲け。二度とない人生。だれに遠慮がいるものか。花と咲け。花よ咲け。心に咲け。暮らしに咲け。大きく咲け〉

今、えーやんは男子部本部長、区少年部長として、学会活動に全力で取り組む。創価班の任務にも挑戦し、学会の合唱団でも活躍する。

仕事では、五つの保育園をまとめる統括園長として忙しく働く。さらに、120園あまりが加盟する、さいたま市私立保育園協会で事務局長も務めている。

学会活動に励む中で、つかんだ思いがあるという。

「男性でも、女性でも、それ以外でも、性別の枠にかかわらず『一人の人として』っていうことが大事。やっぱり、無理に自分を何かに押し込めたりせずに、『自分らしく』いるのが一番大事なんじゃないですかね。学会で、アイデンティティーの根底の生き方、哲学を教えてもらいました」

いずれは特別養子縁組などで、わが子を迎えたいという。

さらに、「将来は『ファミリーホーム』をやりたいですね」。それは、家庭での養育が困難な子どもを、家に迎え入れて育てる制度。

さあ行け、えーやん。自分にしかない花を、ぐんぐん伸ばして咲かせてほしい。

――今回の取材を受けた時、えーやんは最初、不安だったという。

「母がどう思うかなって考えて」。けれど、親子３人での撮影で、カメラを向けられた瞬間、お母さんのほほ笑む顔が目に留まったという。

母の笑顔に、「これまでの自分の人生は間違ってなかったんだ」と確信した。

そして、親孝行を教え続けてくれた「池田先生に感謝でいっぱいです」。

そう言って、えーやんは、その日一番のスマイルを見せてくれた。

INTERVIEW

当事者の視点が社会に新たな価値を生む

遠藤まめた
えんどう・まめた
一般社団法人にじーず代表

1987年、埼玉県生まれの横浜市育ち。LGBTの子ども・若者の居場所づくりをする一般社団法人にじーず代表。著書に『みんな自分らしくいるためのはじめてのLGBT』『先生と親のためのLGBTガイド——もしあなたがカミングアウトされたなら』『オレは絶対にワタシじゃない——トランスジェンダー逆襲の記』などがある。

一般社団法人にじーずを運営する遠藤まめた代表は、トランスジェンダーの当事者としての体験を生かし、自身の性に悩む子どもや若者への啓発活動に、10代後半から取り組んできました。

■女子の制服を着たくなかった

中学・高校時代はセーラー服の制服に苦しんだ。遠藤まめたさんは、七五三で女児用の着物を勧められると泣いて嫌がるなど、幼い頃から「女の子」であることに違和感を抱いていた。しかし、当時はLGBTという言葉も浸透しておらず、教員に制服のことなどを相談しても「それが決まりだからとか、いつかは気分も変わると言われてしまいました」。

当時と比べると、スカート・ズボンなど、制服を選べる学校が増え、現在の状況は変わってきている。「先生たちも性的マイノリティーの子たちに配慮しようと、いろいろと頑張ってくれています。でも、問題は山積みです。悩みの渦中にいる中高生からしてみたら、昔よりマシになったと言われても、何の励ましにもなりません。今を生きているわけですから、そこを大切にしないと」

にじーずは、「10代から23歳までのLGBTやそうかもしれない人が友達を作ったり、遊んだり、のんびりしたりできる無料の居場所」を提供している。利用する人たちは、親にカミングアウトして通ってくる人もいるが、親にカミングアウトせずに自分一人で調べて訪れる人もいる。

わが子の性のあり方について、すぐに受け入れられる父母は増えてはいるが、例えば男子がスカートをはけば、「恥ずかしいからそんな格好で出歩かないで」などと言われることも多いという。

「家族に受け入れてもらえないって、すごく苦しいんです」。遠藤さん自身、高校生の時に、親にカミングアウトをしたが、母からは「間違いであってほしい」と言われた。父は「職場にトランスジェンダーの人がいるよ」と割と理解が早かったものの、男性ホルモンの注射などの治療には反対した。ただ、就職祝いでは、メンズの時計を買ってくれた。

遠藤さんは、「当事者も孤立しやすいが、カミングアウトされた家族も同時に孤立しやすい」と指摘する。「カミングアウトしたわが子を、すぐに応援できる親もいれば、家族としてどうしていいか分からずに苦しむ親もいます。中には、自分はダメな親なんじゃないかと責めてしまう人も。当事者の家族にも、電話やSNSなどの相談機関や家族会があるので、ぜひ活用してもらいたいです」

■何でも打ち明けられる「場」

当事者、家族それぞれに葛藤がある。しかし、何でも打ち明けられる、自分を肯定できる「開かれた場」があることで変化が生じるという。

「性的マイノリティーの子どもたちは、当事者の人たちと会って話をしてみたくても、周りでカミングアウトしている人がいないので、出会う機会があまりない。それは都市部よりも地方の方が顕著です。当事者の子どもは、同じような性的マイノリティーの友達がほしいと切実に願う人が多くて、にじーずに参加した子の中には、たくさん当事者がいるのを見て、感激して泣く子もいる。それぐらい、人によっては、ものすごい孤独を感じながら生きているんです」

にじーずではまず、呼ばれたい名前を名札に書く。自己紹介をして、その後はボードゲームやカードゲームをするなど、放課後のようなラフな時間を過ごす。後半はトークメインで、今、話したいことを紙に書き、スタッフがそれを見てグループ分けをする。

「自分のセクシャリティーに気付いたきっかけみたいなことを話すグループもあれば、どの生き物が一番かわいいか選手権みたいなものまで幅は広いです（笑）」。もちろん、話をしたくない場合は無理せず、聞いているだけでもいい。

学校生活の中で困ることは、たくさんある。プールの授業で水着をどうしても着たくない。自分に適したトイレがなくて困る。しかし、大体はなかなか周囲の大人に言い出せない。

「子どもたちにとっては、家と学校の往復だけだと、視野が狭くなりやすい。学校に通っていなければ家だけが『世界の全て』になってしまう。〝これは嫌だ〟と思いながら、その状態が続くことは、本人にとってものすごいストレスなんです」

そうした子どもたちが、にじーずのような居場所を見つけるとどうなるのか。「例えば、『この前、英語の先生が、男子は、女子はとか、すごく性別で分けた話し方をしていたのが嫌だったから、やめてほしいって言った』という参加者の発言を聞いて、別の子がびっくりするんですよね。〝えっ、そんなことも、言っていいんだ！〟みたいに」

当事者の話を聞くことで、自分のことを俯瞰して見ることができるようになる。「自分に問題がある」「自分だけの悩み」と思い込んでいたのが、そうでないことを知る。

にじーずに通う子どもたちにアンケートを取ってみると〈性格が明るくなった〉〈友達

がたくさんできました〉〈今までは自分が変だからしょうがない、我慢《がまん》しようと思っていたけれど違っていた〉というようなコメントが目立つ。

「誰にも言えず、ＳＮＳやネットに情報を求めても、悲観的な話題が多いですから、お先真っ暗になり、自分のセクシャリティーのことばかりを考えるようになります。一人で抱え込んでしまうと、気持ちが病むだけであまり良い効果はないと思うんです。

でも、当事者同士で会話していく中で、『トランスジェンダーの○○さん』は、『ハリネズミが好きな○○さん』でもあることに気付く。そうか、セクシャリティーも自分の属性の一つであって全てではないんだ、って」

■友達からカミングアウトされたら

思春期の子どもたちは、悩みや困りごとを同世代の友達に相談する傾向があるが、性的マイノリティーの問題についても同様だ。

「アウティングという言葉を聞いたことはありますか？　本人が望まない形で、その人のセクシャリティーを第三者が広めてしまうことを指します。アウティングは、その人の尊厳を大きく傷つけてしまうことがあるんです」

からかったり、ネタにするつもりでなくても、カミングアウトされた側は「どうしたらいいか分からないので、とりあえず周りに聞こう」と思う場合もある。

「まずは周りに話すんじゃなくて、いったん、自分の中だけでとどめておいてください。どうしてもそれが無理そうなら、LINE相談など公的な相談窓口で『友達からカミングアウトされたんだけど、話がめっちゃ重かったんで、どうしたらいいか分からない』と話してみてほしい」

■大人へのアドバイス

親や教師といった大人にはどんなことができるのか。「子どもたちから相談を受けたことがなくても、子ども同士でカミングアウトが起きているかもしれない。大人の見ていないところで、子どもたちが傷ついている可能性が高いことを想定しておいてください」

また、学校の廊下や保健室に性の多様性に関するポスターやリーフレットがあることで、〈ここは安全な場所だ〉〈安心して話せる人がいる〉というメッセージを伝えることができるという。

「テレビをよく見る家庭だったら、ニュースなどでたまにLGBTが話題になることがあるじゃないですか。そういう時に、日頃から『自分の職場にもいるな』とか、『何人に1人いるらしいよ』みたいな『その話題できますPR』をするといいと思います」。実際、にじーずでも〈親が詳しくてびっくりした。それで話せると思った〉という子たちもいるそうだ。

2013年に行われたある調査では、親や教師といった大人よりも、同級生にカミングアウトする子どもの割合の方が多かった。「依然として、親にカミングアウトするハードルは高い」とした上で、遠藤さんは子どもたちと接する現場感覚から、その状況にも変化が生じ始めていると感じる。

「近年、にじーずには、親から勧められて、また、学校の先生から聞いて来たという児童・生徒が増えてきたと感じます。性的マイノリティーに対する社会の認知度が高まっています。もし、子どもからカミングアウトをされたら、家庭や学校を安心の居場所になるようにしてもらいたいです」

■オス同士のペンギンカップル

高校生の頃の遠藤さんは「死んでしまいたい」と考えることもあった。「でも、今、死んだら、遺影に写る自分は女の服を着ているかもしれない。それが飾られるのだけは避けたいなと。絶望より、大人たちの無理解に、めちゃめちゃ怒っていたんですね、当時」

大学は獣医学部へ進み、そこで「多様性こそ自然のルール」であることを学んだ。

「同性愛は自然の摂理に反するという人がいますが、自然界では1500種を超える動物において、同性間の性行動が確認されています」。聞けば、ペンギンにはオス同士のカップルが存在していて、日本の水族館でも何組か確認されているという。

「恐竜がいた、もっと昔の時代から生物は進化してきました。その進化の生き残りの過程で、性的マイノリティーが人間にとって必要でないものなら、とっくに淘汰《とうた》されてなくなっています。そう思うと、35億年もの生物の歴史で存在してきたものなんだから、生物学を使って否定するのはやめてほしい。多様な生物がこの地球で暮らしている、それ自体が答えです。種の保存の理論も単純に『全てがオス・メスのペアになって、子どもを残す』ということではないです」

■多様性は楽しいだけじゃない

違いがある分だけ、社会に多様性が生まれる。「重要なのは、社会を構成する人たちが、その多様性とどのように向き合い、他人と関わっていくかということ」と遠藤さんは言う。

「マイノリティーであることが固定化されて、『理解が必要な人』みたいに言われることが、私は好きじゃないんです。マイノリティーは、新たな視点を社会に提供している存在であって、〝少数者＝弱者〟ではないと思うんです」

近年、学校生活での頭髪、服装に関する「ブラック校則」などの問題が話題だ。２０１６年、文部科学省は、性別に違和感のある生徒に対して「自認する性別の服装・衣服や、体操着の着用を認める」等の個別配慮を明記したリーフレットを教職員向けに発行している。

「ブラック校則と個別配慮は厳密には別のものですが、私は、その底流でつながっていると思います。性的マイノリティーの視点は、マイノリティーでない生徒にも通じます。意識の変革です。新たな視点の提供によって、社会全体も変化していくということだと思います」

ただ、「多様性は面倒くさい」とも遠藤さんは言う。多様な人が同じ環境で過ごそうとすれば、当然、摩擦《まさつ》は起きやすくなる。

「自分が気にもとめないようなことが、相手にとってはダメージになっていることもある。多様性は楽しいだけじゃない。いろんなことに傷ついている人がいることでもある、そうした部分にも思いをはせながら、言葉を選んで生活していきたいと思います。

まあ、日々、私もいろんな地雷を踏んでいますが……でも、話さないと人って分かりませんから、なるべく安心して話せる環境を、今後も増やしていきたいです」

写真提供：聖教新聞社
(P15, 19, 37, 41, 44, 61, 65, 87, 91, 109, 113, 117,
135, 139, 144, 161, 163, 181, 205, 213, 235, 241)

取材：野田栄一
宮本勇介
掛川俊明
橋本良太
清家拓哉
小林義明
野呂輝明
石井和夫
菅野弘二

「生きづらさ」を抱えたあなたへ

2023年11月18日　初版発行
2024年４月20日　２刷発行

編　者　　聖教新聞報道局
発行者　　南 晋三
発行所　　株式会社潮出版社
〒102-8110
東京都千代田区一番町６　一番町SQUARE
03-3230-0781（編集）
03-3230-0741（営業）
振替口座　00150-5-61090
印刷・製本　株式会社暁印刷

©Seikyo Shimbun Houdoukyoku 2023, Printed in Japan
ISBN978-4-267-02406-1 C0095

乱丁・落丁本は小社負担にてお取り替えいたします。

本書の全部または一部のコピー、電子データ化等の無断複製は著作権法上の例外を除き、禁じられています。

代行業者等の第三者に依頼して本書の電子的複製を行うことは、個人・家庭内等の使用目的であっても著作権法違反です。

定価はカバーに表示してあります。